beck'sche reihe

bsr

Die Verfolgung von Homosexuellen im „Dritten Reich" ist bis heute ein wenig bekanntes, von Vorurteilen überlagertes Kapitel in der Geschichte des Nationalsozialismus. Zwar gehörten Homosexuelle von Anfang an eindeutig zu jenen Minderheiten, die zur Zielscheibe nationalsozialistischer Angriffe wurden, doch die Verfolgungspraxis blieb zunächst diffus. Erst nach der Ermordung von SA-Chef Ernst Röhm, einem bekennenden Homosexuellen, im Juni 1934 ging das Regime zu einer offenen Verfolgungskampagne über – von der „Entmannung" bis zur Haft im Konzentrationslager. Dieses Buch schildert die „Geschichte einer Verfolgung" in einem knappen, sachkundigen Überblick.

Till Bastian ist Jahrgang 1949 und Leiter des Forschungsinstituts „Umwelt, Kultur und Frieden" in Isny. Von ihm ist u.a. bei C.H.Beck erschienen: Auschwitz und die „Auschwitz-Lüge". Massenmord und Geschichtsfälschung (⁵1997); Furchtbare Ärzte. Medizinische Verbrechen im Dritten Reich (²1996); Furchtbare Soldaten. Deutsche Kriegsverbrechen im Zweiten Weltkrieg (²1997); Niemandszeit. Deutsche Portraits zwischen Kriegsende und Neubeginn (1999).

Till Bastian

Homosexuelle im Dritten Reich

Geschichte einer Verfolgung

Verlag C.H. Beck

Die Deutsche Bibliothek – CIP-Einheitsaufnahme

Bastian, Till:
Homosexuelle im Dritten Reich / Geschichte einer Verfolgung / Till Bastian. – Orig.-Ausg., – München : Beck, 2000
(Beck'sche Reihe ; 1377)
ISBN 3 406 45917 X

Originalausgabe
ISBN 3 406 45917 X

Umschlagentwurf: +malsy, Bremen
Umschlagabbildung: Gedenktafel für die homosexuellen Opfer des Nationalsozialismus am Hoch- und U-Bahnhof Nollendorfplatz, Berlin Schöneberg, Foto: AKG Berlin/Herbert Kraft

Gesamtherstellung: C. H. Beck'sche Buchdruckerei, Nördlingen
Printed in Germany

Inhalt

Vorbemerkung

Die hier vorliegende Darstellung kann es nicht zum Ziel haben, eine umfassende Geschichte der Homosexualität – auch nicht für einen besonderen Abschnitt der deutschen Geschichte – zu schreiben. Daß es sich bei der Homosexualität um eine Spielart menschlichen Sozialverhaltens handelt, die über die Jahrhunderte hinweg höchst unterschiedlichen Wertungen und Bewertungen unterworfen war, dürfte ohnehin allgemein bekannt sein.

Einige wenige Punkte müssen aber – wenn auch nur äußerst knapp und stichwortartig – in einer Einführung wie dieser dennoch kurz Erwähnung finden:

- Schon im Tierreich hat die biologische Evolution Sexualität und Fortpflanzung entkoppelt. Was dem Menschen – wie allen höheren Tieren – sexuelle Lust bereitet, ist ja nicht die zur Fortpflanzung erforderliche Befruchtung, sondern die körperliche Vorbereitung darauf, die in der Realität keineswegs immer zur Verschmelzung von Ei- und Samenzelle führt. Diese biologische Basis schafft der Sexualität wachsenden Spielraum – und entgegen früher oft und apodiktisch vorgetragenen Behauptungen kommt gleichgeschlechtlich orientiertes Sexualverhalten auch im Tierreich durchaus vor. Daß beim Menschen, dessen Besonderheit ja gerade die sich von der biologischen Basis lösende Kulturentwicklung ist, auch das sexuelle Verhalten sich weiter verselbständigt und sich dabei neue *Freiheitsgrade* schafft, kann ebensowenig überraschen wie die damit aufgeworfenen *Probleme*. Der Mensch ist ein

Naturwesen, dessen Eigentümlichkeit nicht zuletzt darin liegt, sich selbst und sein Verhalten ständig neu zu interpretieren; es hängt im wesentlichen von dieser kulturellen Selbstinterpretation ab, wie er seine eigene Sexualität und ihre Variationsmöglichkeiten bewertet.

- Die dabei häufig vorfindbare Diskriminierung von homosexuellem Verhalten als „widernatürlich" und als *deshalb* auch moralisch verabscheuungswürdig (was, unabhängig von der Faktenlage, in sich selber ein Fehlschluß ist)* hat allerdings in der Natur keine Stütze. Der Biologe und Verhaltensforscher Volker Sommer zieht hierzu ein ironisches Fazit: „In der Natur ist vieles möglich. Es dürfte damit klar sein, daß die reine Existenz eines Phänomens im natürlichen Repertoire der Tiere keine Unbedenklichkeitsbescheinigung sein kann hinsichtlich der ethischen Erwünschbarkeit. Andererseits muß aber auch den Naturrechtlern klar gesagt werden, daß etwa die Verdammung sexueller Praktiken wie Homosexualität oder Ehebruch als ‚unnatürlich' schlicht auf Desinformation beruht."[1] Homosexuelles Verhalten, so pflichtet ein anderer Biologe, Franz M. Wuketits, ihm bei, „kommt vor, beim Menschen und bei anderen Säugetieren, es liegt nur an uns, damit ‚richtig' umzugehen. Das bedeutet: zu akzeptieren, daß es Menschen mit unterschiedlichen sexuellen Neigungen gibt, die diese Neigungen auch so lange pflegen dürfen, solange sie keinem anderen damit Gewalt antun. Gleiches gilt selbstverständlich auch für alle anderen sexuellen Neigungen und Praktiken, die in den Betten, auf

* Im Anschluß an den britischen Philosophen David Hume (1711–1776) spricht man in der modernen Wissenschaftstheorie vom „naturalistischen Fehlschluß": Aus dem, was *ist* (was z.B. an Verhalten in der Tierwelt beobachtet werden kann), läßt sich nämlich nicht ableiten, was – in moralischer Hinsicht – sein *soll*, wie es jener Fehlschluß nahelegt.

Küchentischen oder auf den Fußböden der Wohnungen von mündigen Erwachsenen in deren gegenseitigem Einverständnis vollzogen werden.“[2]

- Der besondere kulturelle Umgang mit dieser besonderen sexuellen Flexibilität des Menschen ist deshalb stark von der jeweiligen Kultur und ihren Leitbildern und Wertsystemen bestimmt – und ebenso vielfältig wie diese. Daß zum Beispiel im antiken Griechenland (nach traditioneller Anschauung immerhin die Wiege der europäischen Denkweise und auch der modernen Demokratie) die sexuelle Liebe zwischen Männern hoch im Kurs stand, ist wohlbekannt und vielfach verbürgt (es ist vor allem der von Männern beherrschten Geschichtsschreibung geschuldet, daß wir über weibliches Sexualverhalten weit weniger gut unterrichtet sind). Auch im römischen Imperium besangen Dichter wie Ovid, Catull und Horaz offen die gleichgeschlechtlich orientierte Sexualität der Männer, wobei allerdings der – zumeist jüngere – „passive“ Partner stärkerer Diskriminierung ausgesetzt war („weibisch“) als der „aktive“ Mann, der ihn begehrt und – gegebenenfalls – „erobert“ hatte.
- Der Siegeszug des Christentums änderte die sexuellen Normen überaus stark: Einer sehr weitgehenden Herabsetzung der diesseitigen Welt entsprach die Verachtung des menschlichen Körpers und erst recht seiner sexuellen Betätigung – Geschlechtsverkehr, der nicht der Zeugung diente, wurde immer wieder als „teuflisch“ gebrandmarkt; allerdings ließ das Volk sich sein praktisches Verhalten, sehr zum Ärger der Kirche, nur in engen Grenzen vorschreiben. Daß im Rahmen einer allgemeinen Sexualfeindlichkeit die Homosexualität ganz besonders stark tabuisiert gewesen ist, nimmt wohl kaum wunder. Als der Kölner Stadtschreiber Edmund Frunt anno 1484 die

Aussage eines Pastors der Kirche St. Aposteln notierte, ein Beichtkind habe ihm berichtet, daß „manspersone mit manspersonen[3]" – ja was wohl? Der gottesfürchtige Schreiber fügt an dieser Stelle kein Verbum ein, sondern nur ein schamhaftes „etc." und beteuert, „dat got erbarmen moiste". Diese „Unzucht", begangen von einem der reichsten Patrizier der Stadt und mit einem Postulatsgulden belohnt, galt dem Chronisten Frunt als „swaire unsprechliche stumme sunde", als unaussprechliche stumme Sünde ...

- Erst der revolutionäre Umbau der Gesellschaft im 18. Jahrhundert nach einer Epoche der Säkularisation und „Aufklärung" schuf einem neuen Selbstverständnis und einer größeren Toleranz der Europäer auch in sexueller Hinsicht Raum. Über die – wirklichen oder vermeintlichen – homosexuellen Neigungen des Preußenkönigs Friedrich II. tuschelte und lachte halb Europa, wie unter anderem Giacomo Casanova in seinen Memoiren berichtet hat. Casanovas Sonett „Antwort der Silesia (= Schlesien, just eben von Preußen erobert) an die Liebe" erregte die größte Heiterkeit des römischen Kardinals, in dessen Diensten Casanova stand: „... weil Silesia ein Weib ist ... weil der König von Preußen ... oh, oh! der Gedanke ist göttlich!"[4] – Gerade was die Homosexualität anbetrifft, so zeigten sich vor allem in der zweiten Hälfte des 19. Jahrhunderts immer mehr Anzeichen einer wachsenden Toleranz und einer allmählichen Liberalisierung – freilich immer begleitet von heftigen Gegenreaktionen, wie sie sich dann im Nationalsozialismus zur „Weltanschauung" verdichteten und 1933 die Staatsmacht in Deutschland übernehmen konnten.

In jener Epoche der Liberalisierung, in den „Gründerjahren" des von Otto von Bismarcks „Einigungspolitik" zielstrebig geförderten, 1871 im Spiegelsaal des Versailler Schlosses neu zusammengefügten Deutschen Reiches, an dessen Spitze jetzt die Kaiser aus der Dynastie der Hohenzollern standen, setzt unsere Darstellung ein. Für weitergehendes historisches Interesse muß auf die Fachliteratur verwiesen werden (siehe Anhang). Unsere Übersicht über die Verfolgung in den Jahren 1933–1945 und ihre Vorgeschichte bezieht sich allerdings ausschließlich auf das Schicksal *männlicher* Homosexueller – lesbische Liebe ist 1933 kein Gegenstand nennenswerter staatlicher Repression gewesen, und über die soziale Situation homosexueller Frauen schweigen die Archive.

1. Vorgeschichte: Sexuelle Toleranz und Intoleranz im deutschen Kaiserreich

Im Jahr 1864 veröffentlichte Karl Heinrich Ulrichs (1825–1895) unter dem Pseudonym „Numa Numantius“ im Selbstverlag seine Schrift „Vindex. Social-juristische Studie über mann-männliche Geschlechtsliebe“ – eine der ersten Darstellungen, die offen über die eigenen homosexuellen Empfindungen sprach, sich gegen deren gesellschaftliche Diskriminierung wandte und für die Gleichberechtigung der Homosexuellen eintrat. „Ungezügelte Antipathie lodert in euch gegen uns“, hieß es darin. „Eure Sympathie ist in Fesseln geschlagen von Sympathie für Weiberliebe und von Antipathie gegen mann-männliche Liebe. Ihr seid Partei, wie ich Partei bin ...“ In der Bundesrepublik Deutschland gilt Ulrichs heute als „Großvater der Schwulenemanzipation“; sein lange vergessenes Werk ist 1994 neu aufgelegt worden. Von ihm stammt auch der Begriff „Urning“ für den männlichen Homosexuellen, wobei der Planet Uranus für diese Wortschöpfung Pate stand – im Gegensatz zu Venus, deren Fürsorge der heterosexuellen Liebe gilt.

Als 1871, sieben Jahre nach dem Erscheinen von „Vindex“, das Deutsche Reich neu begründet wurde und der preußische König sich den Titel „Kaiser“ zubilligen ließ – der letzte Kaiser des „Heiligen Römischen Reiches Deutscher Nation“ war 1806 bei der Selbstauflösung dieses Reiches zurückgetreten –, da veränderte sich im Rahmen der neuen Reichsgesetzgebung die Rechtsposition der Homosexuellen erheblich. In zahlreichen deutschen Ländern bzw. Kleinstaaten war der sexuelle Verkehr zwischen Männern zwar gesellschaftlich geächtet, aber dennoch nicht strafbar gewesen. Eine einschneidende Änderung wurde durch das neue Reichsstrafgesetzbuch vom 15. Mai 1871 bewirkt, das in seinem § 175 festlegte: „Die widernatürliche Unzucht, welche zwischen Personen männlichen Geschlechts begangen wird, ist mit Gefängnis zu bestrafen ..."

Doch es zeigt sich bald, wie sehr sich das soziale Klima in den letzten hundert oder einhundertfünfzig Jahren geändert hatte: Erstmals kam es zum offenen – auch zum öffentlichen – Widerstand gegen diese juristische Diskriminierung des abweichenden Sexualverhaltens. Treibende Kraft war der bekannte Sexualwissenschaftler Magnus Hirschfeld (1868–1935), ein Berliner Facharzt für Nervenkrankheiten. Das von ihm initiierte „Wissenschaftlich-humanitäre Komitee" brachte zwischen 1897 und 1914 mehrfach eine Petition zur Abschaffung des § 175 in den Reichstag ein. Sie wurde dort zwar am 13. Januar 1898 abgelehnt, gleichwohl aber von dem SPD-Abgeordneten August Bebel, der unbestrittenen Leitfigur aller deutschen Sozialdemokraten, entschieden verteidigt. Wichtiger noch: Über 6000 Prominente aus Kunst, Kultur, Wissenschaft und Politik, überwiegend Heterosexuelle, hatten diese Petition namentlich unterzeichnet. Im selben Jahr 1898 übernahm der Journalist Adolf Brand die Schriftleitung der 1896 gegründeten Zeitschrift „Der Eigene" und machte aus ihr das erste publikumswirksame Homosexuellenblatt. Im Gegensatz zu Hirschfeld setzten Brand und mehrere Gleichgesinnte darauf, prominente Mitbürger als aktive Homosexuelle zu „outen". Dabei konnten sie sich auf einen Ratschlag Bebels stützen, der Hirschfelds Komitee 1902 aufgefordert hatte, dic „rein wissenschaftliche" Vorgehensweise aufzugeben und „aktuelle

Fälle“ zu publizieren. Der sozialdemokratische „Vorwärts“ druckte ganz in diesem Sinne am 15. November 1902 einen Artikel, der Friedrich Alfred Krupp, den reichsten Mann im damaligen Deutschland, der Homosexualität zieh, die dieser vor allem auf der Insel Capri mit schönen jungen Einheimischen auszuleben pflege: „Die Insel ist zu einem Zentrum der Homosexualität geworden, nachdem Kruppgeld ihr den Weg geebnet hat“, hieß es im fraglichen Artikel. Der so beschuldigte „Kanonenkönig“ starb eine Woche später – ob von eigener Hand, wurde nie vollständig geklärt. Diese sozialdemokratische Spielart des „Enthüllungsjournalismus“ erwies sich als höchst verhängnisvolle Vorgehensweise. Mit ihm wurde der Homosexualitätsverdacht zur rücksichtslos eingesetzten Waffe in der politischen Auseinandersetzung, gewann damit an diskriminierender Wucht und erreichte im Grunde das Gegenteil dessen, worauf er abgezielt hatte: durch Öffentlichkeit Toleranz zu fördern.

In den „Gründerjahren“ um 1900 bis 1914 erschütterten mehrere heftige politische Skandale das Kaiserreich. Erstmals am 28. April 1906 hatte der Publizist Maximilian Harden, Herausgeber der Zeitschrift „Die Zukunft“, in einem Artikel, dem weitere folgen sollten, enge Mitarbeiter des Kaisers der Homosexualität bezichtigt; mehrere Skandalprozesse waren die Folge, die große Aufmerksamkeit erregten.* In einem dieser Gerichtsverfahren hatte Magnus Hirschfeld dem von Harden denunzierten Offizier Kuno Graf Moltke eine unbewußte homosexuelle Veranlagung zugeschrieben, was die öffentliche Erregung weiter schürte.

* Die Baronin Hildegard von Spitzemberg notierte – am 17. Mai 1908 – in ihrem Tagebuch: „Alle Gespräche sind beschmutzt und vergiftet durch die Eulenburgsche Sache, und jeden Tag tauchen neue, gräßlichere, bedenklichere Einzelheiten und Symptome auf, die schon den Kaiser selbst in die versumpfte Atmosphäre ziehen ...“

Schlüsselfigur all dieser Affären war Philipp Fürst zu Eulenburg, ein ostpreußischer Graf und ehemaliger Gardeoffizier, zu dem sich der zwölf Jahre jüngere Kaiser Wilhelm II. stark hingezogen fühlte (der alternde Fürst Bismarck hingegen hatte dem jungen Grafen „Augen, die einem das beste Frühstück verderben können", attestiert). Wilhelm II. überhäufte Eulenburg – den er „Phili" nannte und dem er das Du anbot, natürlich nur vom Kaiser zum Untertan – mit Ehrungen, schließlich machte er ihn zum Fürsten (den damit verbundenen Titel „Durchlaucht" empfand Eulenburg, nach eigenem Bekunden, als „unheimliche Mischung von Durchfall und Schnittlauch").

Maximilian Harden, der in seiner Artikelserie auch den Fürsten Eulenburg („Eulenphili") öffentlich bloßstellte, war ein gewissenloser Nationalist mit starken antisemitischen Neigungen (es sei „der Deutschen edelste Wesenszier, daß sie nicht ins speckige Gewimmel friedlicher Völker taugten", hat er einmal geschrieben). In seiner Zeitschrift „Zukunft" verfocht er, nachdem ihm – vermutlich vom Grafen Friedrich von Holstein, der berüchtigten „Grauen Eminenz" – belastendes Material zugespielt worden war, die These, eine Clique weibischer Homosexueller, die „Tafelrunde", habe den Kaiser so sehr dem eigenen Einfluß unterworfen, daß dieser zu einer kraftvollen Großmachtpolitik nicht mehr in der Lage sei.

Während der sich anschließenden Prozeßserie stieg die Auflage der „Zukunft" rasch auf über 70000 Exemplare an. Im Falle Eulenburgs hatte Harden für entsprechende Zeugen gesorgt, worauf der Staatsanwalt gegen den Fürsten Anklage wegen Meineids erhob und Reichskanzler Bernhard von Bülow einen Haftbefehl gegen seinen Duzfreund Eulenburg unterzeichnete (Jahre zuvor hatte er Philipp, der ihm den Aufstieg ins Kanzleramt geebnet hatte, noch geschrieben: „Nichts, niemand wird uns je voneinander trennen können. Gott schütze, segne, leite Dich, Liebster, im neuen wie im alten Jahr und immerdar. Ich umarme dich in inniger Liebe“ ...). Nach einem gesundheitlichen Zusammenbruch Eulenburgs (der danach noch achtzehn Jahre in völlig zurückgezogen auf seinen Landgütern lebte) wurde der Prozeß ausgesetzt.

Die zwiespältige Einstellung der Öffentlichkeit jener Epoche wird in einer Fülle von Dokumenten deutlich. „Die männlichen Homosexualen, oft fein entwickelte, ästhetisch hoch kultivierte Personen, kommen in allen Gesellschaftskreisen vor“, schrieb damals – 1908 – ein weitverbreitetes Konversationslexikon, „ihre Neigung zum gleichen Geschlecht ist oft eine rein ideale, und viele leben keusch. Sie betonen, daß sie wohl biologisch, aber nicht ethisch als minderwertig zu betrachten seien ... Neuerdings entwikkeln Anhänger der Ansicht, daß die H. auf angeborener Grundlage beruhe, unter dem Namen ‚wissenschaftlich-humanitäres Komitee‘ eine lebhafte Agitation, um den § 175 des Deutschen Reichsstrafgesetzbuches zu beseitigen.“[5]

Die kriegsträchtige Atmosphäre dieser Jahre kurz vor dem Ersten Weltkrieg wurde weiter aufgeheizt durch den Fall des österreichischen Obersten Alfred Redl, Generalstabsoffizier und stellvertretender Leiter des k.u.k. „Evidenzbüros“, das heißt der Spionageabwehr, der aufgrund seiner homosexuellen Neigungen in finanzielle Schwierigkeiten geraten war und dem russischen Geheimdienst Details der habsburgischen Militärpläne verraten hatte. Durch Zufall enttarnt, wurde Redl am 25. Mai 1913 von seinen militärischen Vorgesetzten zum Selbstmord gezwungen, was ihnen eine umfängliche gerichtliche Untersuchung ersparte; der Fall erregte weltweites Aufsehen und wurde gern mit der „morschen“ Befindlichkeit der bereits in Auflösung begriffenen Donaumonarchie in Verbindung gebracht.*

Insgesamt muß die Bilanz der Jahre 1871 bis 1914 sehr zwiespältig ausfallen. Zwar förderte das erstmalige, mutige öffentliche Auftreten von Homosexuellen in eigener Sache die Diskussion, auch eine gewisse Toleranz und Liberalität. „In der Tat hatte Deutschland am Vorabend des Ersten Weltkrieges die größte homosexuelle Emanzipaitionsbewegung Europas", meint Modus Eksteins.[6] Andererseits aber verfestigte sich in dieser Zeit, in der Nationalbewußtsein und Kriegsbereitschaft epidemisch um sich griffen, auch eine fatale Gleichsetzung von homosexuell = weibisch = schwächlich = verräterisch (siehe den „Fall" des Oberst Redl) et cetera, was die – zutreffende oder irreführende – publizistische Unterstellung homosexuellen Verhaltens zu einer geradezu idealen Waffe in der politischen Polemik werden ließ. Nicht zuletzt das bigotte Verhalten vieler Prominenter hinsichtlich der eigenen Wünsche und Neigungen hat zu diesem schwankenden Bild entscheidend beigetragen.

* Und er wurde auch noch in der Weimarer Republik propagandistisch ausgeschlachtet. Siehe S. 23, FN.

2. Der Erste Weltkrieg und die Weimarer Republik: Zwischen Sexualreform und Ausgrenzung

Am 4. März 1918 druckte der sozialdemokratische „Vorwärts“ einen Artikel ab, in dem bezweifelt wurde, ob der deutsch-sowjetische Friedensvertrag von Brest-Litowsk vom Geist der Völkerversöhnung getragen sei. „Der tiefe Sinn hiervon ist, daß die sozialistischen Landesverräter sich darüber ärgern, daß der Friede wie gewöhnlich vom Sieger den Besiegten diktiert wird!“ notierte Kaiser Wilhelm II. mit Bleistift an den Rand der Zeitung. Aber nicht einmal neun Monate später war der Krieg verloren, und der Friede wurde im Jahr darauf den Deutschen diktiert. Während der Zentrumsabgeordnete Matthias Erzberger in Frankreich das Waffenstillstandsabkommen unterzeichnete, wandte sich am 9. November 1918 der Kaiser aus dem holländischen Exil an seinen Sohn: „Da der Feldmarschall mir meine Sicherheit nicht mehr gewährleisten kann und auch für die Zuverlässigkeit der Truppe keine Bürgschaft übernehmen will, so habe ich mich entschlossen – nach schwerem innerem Kampf –, das zusammengebrochene Heer zu verlassen. Berlin ist total verloren und in der Hand der Sozialdemokraten.“ Der Krieg war vorbei, die Monarchie an ihm zugrunde gegangen.

Für die Zeit nach der Ausrufung der Republik und der Abdankung des Kaisers erhofften sich viele Menschen nachhaltige, tiefgreifende soziale und politische Veränderungen. Dies galt auch für die überkommene Sozialmoral. „Mit der

Befreiung aller Unterdrückten" – so Magnus Hirschfeld, mittlerweile ein begeisterter Anhänger der Sozialdemokratie in seinem Rundschreiben zum Neujahrstag 1919 – sei „auch eine gerechte Beurteilung derjenigen, denen unsere langjährige Arbeit gilt", in den Bereich des Möglichen gerückt.

In der Tat herrschte im ersten demokratischen deutschen Staat, der bald als „Weimarer Republik" bekannt wurde, weil die verfassunggebende Nationalversammlung zunächst in der Kleinstadt Weimar zusammentrat, eine deutlich liberalere Atmosphäre als im Kaiserreich der Hohenzollern. Hirschfeld richtete in Berlin-Tiergarten das „Institut für Sexualwissenschaft" ein, das sich rasch internationale Geltung zu verschaffen wußte. 1919 drehte Richard Oswald den ersten Homosexuellenfilm „Anders als die anderen". Hans Kahnert gründete den „Deutschen Freundschaftsverband", aus dem schließlich der von dem reichen Verleger Friedrich Radszuweit (1875–1932) geleitete „Bund für Menschenrecht" hervorging – 1924 zählte er 12000, 1929 sogar schon 48000 Mitglieder. Weit elitärer war die von Adolf Brand bereits 1903 gegründete „Gemeinschaft der Eigenen", die aber auch auf immerhin fast 3000 Mitglieder zählen konnte. Auf der internationalen Tagung für Sexualreform im September 1921 hielt der Pazifist, Kosmopolit und Sozialist Kurt Hiller (1885–1972) eine Rede, in der er deutlich machte, Homosexualität als „Spiel der Natur" sei eine Normabweichung höchstens insofern, als „die Norm prinzipiell kein Wertbegriff, sondern ein Häufigkeitsbegriff ist ... Wie begreiflich, daß ein gesunder Abnormer seelisch erkrankt, wenn die Gesellschaft auf ihn reagiert, als sei er ein Kranker ... und schlimmer!"

Freilich war die erstarkende „Bewegung" keineswegs von Solidarität, sondern weit stärker von Zwist und Hader geprägt; insbesondere zwischen Brand und Radszuweit kam es zu heftigen publizistischen Auseinandersetzungen, und Radszuweit nannte Brand in öffentlichen Erklärungen 1924 einen „Lügner, Verleumder und Ehrabschneider". Kein Wunder, daß Magnus Hirschfeld 1927 in einem wissenschaftlichen Beitrag für einen Sammelband („Die Kulturepochen und ihre Leidenschaften") beredt darüber klagte, daß es neben den Homosexuellen wohl kaum eine andere soziale Gruppe gebe, „die sich in so geringem Grade zur Wahrnehmung gemeinsamer Rechts- und Lebensinteressen zu organisieren verstanden hat".

Immerhin konnte eine zahlenmäßig beachtliche Homosexuellenszene jetzt ein Stück aus dem Schatten der Illegalität hervortreten und durch Veranstaltungen und in einschlägig bekannten Lokalen die eigene Kultur und Subkultur organisieren – die Polizei verzichtete zumeist auf Razzien in diesen Treffpunkten (das Land Bayern allerdings ausgenommen, wo es vor allem in München immer wieder zu überfallartigen Polizeiangriffen kam).

In einem derartigen Berliner Lokal mit dem schönen Namen „Zauberflöte" in der Kommandantenstraße Nr. 72 fand am 23. September 1929 eine große Homosexuellenveranstaltung statt. Anwesend war auch Professor Wilhelm Kahl, Fraktionsmitglied der Deutschen Volkspartei und Vorsitzender des Strafrechtsausschusses des Deutschen Reichstages. Die Versammlung forderte vehement die Abschaffung des ja immer noch gültigen § 175. Dem Strafrechtsausschuß lag damals der Entwurf für ein Allgemeines Deutsches Strafgesetzbuch aus dem Jahre 1925 vor, der die §§ 296 („Unzucht zwischen Männern") und 297 („Schwere Unzucht zwischen Männern") beinhaltete und die Situation der deutschen Homosexuellen entscheidend verschlechtert hätte. In der 85. Sitzung des Strafrechtsausschusses am 16. Oktober

1925 wurde nun zwar der „neue" Homosexuellenparagraph 296 mit 15 Stimmen (darunter alle Abgeordneten der SPD und KPD) gekippt – das Votum Kahls hatte den Ausschlag gegeben. Allerdings wurde tags darauf der ebenfalls neugefaßte § 297 mit 20 gegen 3 Stimmen (denen der KPD) verabschiedet. Künftig drohte eine Gefängnisstrafe „nicht unter sechs Monaten" jedem volljährigen deutschen Mann, der

- „einen anderen Mann unter Mißbrauch einer durch ein Dienst- oder Arbeitsverhältnis begründeten Abhängigkeit nötigt, sich zur Unzucht mißbrauchen zu lassen;
- gewohnheitsmäßig zum Erwerb mit einem Mann Unzucht treibt oder sich dazu anbietet;
- einen männlichen Minderjährigen verführt, sich zur Unzucht mißbrauchen zu lassen."

Das Ergebnis der Strafrechts- und Sexualreform von 1929 war also zwiespältig: Der „alte" § 175 sollte nach dem Willen des Reichstagsausschusses abgeschafft, der Sexualverkehr zwischen volljährigen Männern nicht mehr strafbar sein. So gewichtig dieser Fortschritt zweifellos war, auf der anderen Seite wurde die Diskriminierung homosexueller Aktivitäten noch vertieft. Denn erstens bekamen jetzt männliche Prostituierte, anders als weibliche Dirnen, die Härte des Strafgesetzbuches zu spüren. Und zum anderen galt jetzt jeder Mann als Krimineller, der eine sexuelle Beziehung zu einem anderen Mann zwischen 16 und 21 Jahren unterhielt, während er sich jederzeit mit einem Mädchen derselben Altersgruppe einlassen konnte, ohne irgendwelche strafrechtlichen Verwicklungen fürchten zu müssen.

Zu einer zweiten Lesung der Paragraphen 296 und 297 im Reichstagsausschuß kam es indessen nicht mehr – Heinrich Brüning, seit dem 28. März 1930 Reichskanzler, hatte für den 14. September desselben Jahres Neuwahlen angesetzt. Bei diesen Wahlen steigerte die Nationalsozialistische Deutsche Arbeiterpartei (NSDAP) unter ihrem „Führer“ Adolf Hitler den eigenen Stimmenanteil auf sechs Millionen, die Zahl ihrer Reichstagssitze von 12 auf 107 (bei insgesamt 577 Parlamentsabgeordneten).

Wie auch immer man die Situation in der Weimarer Republik einschätzen, wie auch immer man die gesetzgeberischen Initiativen und Reformen der wenigen Jahre seit 1919 einschätzen mochte – jetzt, 1930, stand den deutschen Homosexuellen in Gestalt der rasch erstarkenden, drei Jahre später an die Macht gelangten „Völkischen Bewegung“ ein erbarmungsloser Feind gegenüber, der jede politische und sexuelle Liberalität erbittert bekämpfte.* Der entschiedenste und mächtigste Feind der Homosexuellen war freilich nicht Adolf Hitler selber, der – wie noch zu zeigen ist – zu diesem Problem ein opportunistisches, von taktischen Erwägungen geprägtes Verhältnis einnahm, sondern der spätere „Reichsführer SS und Chef der deutschen Polizei“ (ab 1936), der 1900 in München geborene Heinrich Himmler, Sohn eines katholischen Gymnasialdirektors und Student

* Die schüchterne Liberalisierung der Weimarer Jahre wird ebenso wie das antihomosexuelle Ressentiment deutschnationaler Kreise überaus deutlich in einem Aufsatz des Sammelbandes „Die Weltkriegsspionage“ (1931). Darin äußert sich ein Hauptmann a.D. Wulf Bley über „Spionage und anormale Veranlagung“: „Man sagt nicht zuviel, wenn man behauptet, daß Homosexualität ein bevorzugter Nährboden für die Kriminalität ist und daß sehr viele kriminelle Fälle, mehr als man glaubt, ihre Ursache in dieser widerlichsten aller Perversitäten haben. Es sei nur erinnert – um einen besonders bekannten Spionagefall dieser Art herauszugreifen – an den vor dem Kriege in Österreich vorgekommenen und aufsehenerregenden Fall des Obersten Redl. Es ist heute dank der eifrigen Propaganda eines destruktiven ‚Wissenschaftlers‘ in intellektuellen Kreisen Mode geworden, Homosexuellen die gesellschaftliche Achtung nicht mehr zu versagen. Man kann darin nichts anderes als einen schleichenden Selbstmord der Gesellschaft erblicken. Es wird vergessen, daß eine naturwidrige Physis stets oder doch wenigstens in den meisten Fällen sich mit mehr oder weniger hemmungsloser Asozialität paart.“ (S. 378)

der Landwirtschaft, gescheiterter Handelsvertreter und Geflügelzüchter, ein überzeugter Vegetarier mit deutlichen „alternativmedizinischen“ Interessen, in deren Verfolge später etliche der brutalen Menschenversuche im Konzentrationslager Dachau durchgeführt wurden. Gerade Himmler zeichnete sich durch eine überaus frühe und starke Homosexuellenphobie aus, wie sie aus der Biographie und aus den Schriften Adolf Hitlers nicht bekannt geworden ist. Nach der Lektüre der damals fälschlich Oscar Wilde zugeschriebenen Novelle „The Priest and the Acolyte“ notierte der zwanzigjährige Himmler in seinem Tagebuch: „Eine Idealisierung eines homosexuellen Menschen. Bilder scheußlich. Abend: ½ 11h in furchtbarer Stimmung“. Und 16 Jahre später, nachdem er 1936 den Gipfelpunkt seiner Macht erklommen hatte, sagte er – einen Tag nach der Gründung der „Reichszentrale zur Bekämpfung der Homosexualität und Abtreibung“ – auf der konstituierenden Sitzung des „Ausschusses für Polizeirecht“, bisher sei es leider unmöglich gewesen, „Verfehlungen gegen den Paragraphen 175 zu bekämpfen“. Allerdings besitze der neue, nationalsozialistische Staat eine „Berechtigung moralischer Art, weil wir uns nicht scheuten, gegen diese Pest, als es einmal sein mußte, auch in unseren eigenen Reihen mit dem Tode vorzugehen“. Das war ein Hinweis auf die zwei Jahre zurückliegende Aktion gegen Ernst Röhm und die Seinen und zugleich eine Ankündigung des Kommenden, die an Deutlichkeit gewiß nichts zu wünschen übrigließ. Aber noch waren diese „eigenen Reihen“ keineswegs so „fest geschlossen“, wie das die Nationalsozialisten später so gerne von sich selber behauptet haben …

3. Nationalsozialistische Ideologie und Homosexualität

An der antisemitischen Haltung Adolf Hitlers konnte seit 1919 kein Zweifel bestehen – und ebensowenig an seiner Bereitschaft, für Deutschlands Größe auch neue Kriege zu wagen. Dieser Antisemitismus fand in den Dokumenten der nationalsozialistischen Bewegung seinen deutlichen Ausdruck. In dem bereits im Februar 1920 verabschiedeten, von Hitler selbst im April 1926 für „unabänderlich" erklärten Parteiprogramm der „Nationalsozialistischen Deutschen Arbeiterpartei" (NSDAP) heißt es im vierten von insgesamt 25 Punkten bündig:

„Staatsbürger kann nur sein, wer Volksgenosse ist. Volksgenosse kann nur sein, wer deutschen Blutes ist, ohne Rücksicht auf Konfession. Kein Jude kann daher Volksgenosse sein."

Zwischen 1920 und 1926 lagen – unter anderem – Hitlers Münchner Putschversuch vom 9. November 1923 und das Erscheinen seines Buches „Mein Kampf. Eine Abrechnung", das Hitler in der überaus komfortablen Landsberger Festungshaft niedergeschrieben hatte. Weder im NSDAP-Programm noch in „Mein Kampf" finden sich eindeutige antihomosexuelle Äußerungen – und erst recht nichts, was mit dem pointierten und polemischen Antisemitismus der Nationalsozialisten vergleichbar wäre.

Gewiß, Hitler hat Magnus Hirschfeld, den bereits erwähnten Berliner Sexualwissenschaftler und engagierten Kämpfer gegen den § 175, öffentlich als „alten Schweinejuden“ bezeichnet und einen brutalen Überfall völkischer Studenten auf Hirschfeld am 4. Oktober 1920 ausdrücklich als „Volksjustiz“ gerechtfertigt (Hitler, auch das sollte man sich vor Augen halten, war damals 31 Jahre alt, Hirschfeld 20 Jahre älter). Aber darin drückte sich wohl vor allem jene Verflechtung von Antisemitismus und Sexualfeindschaft aus, die für die nationalsozialistische Ideologie gängige Münze war. „Der Jude“, Hitlers Erzfeind, galt ihm und den Seinen als ein lüsternes, perverses Wesen, stets gewillt und bereit, durch „Rassenschande“ die Reinheit des „deutschen Blutes“ zu besudeln – ein Wesen, das – so der „Völkische Beobachter“ im Januar 1929 – zielstrebig an der „Entsittlichung des deutschen Volkes“ arbeite und zu nichts anderem fähig sei, als „durch die Genitalien zu denken“. Überdeutlich wird diese ressentimentgeladene, gleichermaßen militaristische wie sexualfeindliche Haltung in jener Auskunft, die die NSDAP auf eine Anfrage der Homosexuellenzeitschrift „Der Eigene“ des elitären Zirkels um Adolf Brand im Mai 1928 erteilte:

„Gemeinnutz vor Eigennutz! Nicht nötig ist es, daß Du und ich leben, aber nötig ist es, daß das deutsche Volk lebt. Und leben kann es nur, wenn es kämpfen will, denn leben heißt kämpfen. Und kämpfen kann es nur, wenn es sich mannbar hält. Mannbar bleiben kann es aber nur, wenn es Zucht übt, vor allem in der Liebeslust. Unzüchtig ist freie Liebe. Darum lehnen wir sie ab, wie wir alles ablehnen, was zum Schaden für unser Volk ist. Wer gar an mannmännliche oder weibweibliche Liebe denkt, ist unser Feind. Alles, was unser Volk entmannt, zum Spielball unserer Feinde macht, lehnen wir ab, denn wir wissen, daß Leben Kampf ist ...“

Trotz solcher Tiraden – eine gezielte antihomosexuelle Propaganda nahm Hitler zu dieser Zeit noch nicht in Angriff. Der Grund dafür sind gewiß in erster Linie taktische Überlegungen gewesen. Denn zu den Getreuen, mit denen der „Führer" im November 1923 seinen Münchner Putschversuch wagte – und kläglich scheiterte –, gehörte nicht nur der fanatische Homosexuellenfeind und spätere Reichsführer SS, Heinrich Himmler, sondern auch der Reichswehroffizier Ernst Röhm, der bei diesem Putschversuch das Wehrkreiskommando besetzte und wie Hitler zu „Festungshaft" verurteilt wurde, aus der man ihn 1924 wieder in die Freiheit entließ. Und Röhms Homosexualität war ein Thema, das in der Weimarer Republik überaus heftige publizistische Debatten entfachte.

Die uneindeutige Haltung Hitlers war auch ein Ausdruck dessen, daß die von ihm geführte Bewegung in sich gespalten und wenig gefestigt war – erst nach der „Machtergreifung" 1933 änderten sich die Dinge, verblaßte der Stern der SA, wurde Ernst Röhm samt vielen Gefolgsleuten ermordet und die SS zur unangefochtenen Terrorelite des Dritten Reiches herangebildet.

Zur zunächst noch relativ buntscheckigen nationalsozialistischen Bewegung gehörte beispielsweise auch Alfred Rosenberg. Dieser Mann wurde 1923 – als Hitler wie auch Röhm noch inhaftiert waren – vom „Führer" zunächst mit der Leitung der Partei beauftragt, doch dann sank sein Stern: Als zunehmend einflußloser „Chefideologe" hat er 1930 das Buch „Der Mythus des 20. Jahrhunderts" veröffentlicht. Im selben Jahr 1930 brandmarkte Rosenberg das verhaßte „Weimarer System" unter anderem dadurch, daß er die vom Kriegsverlierer Deutschland geforderten Reparationsleistungen in einer „Der Sumpf" betitelten Publikation auf eine Ebene mit den oben kurz skizzierten Bestrebungen zur Abschaffung des § 175 stellte: „Alles auf einer Linie: Außenpolitisch Young-Versklavung (...), kulturpolitisch Päderastenschutz". Obwohl Rosenberg unter den Nationalsozialisten wenig beliebt war und viel bespöttelt wurde, dürfte in dieser Frage wohl die Mehrheit von Hitlers Gefolgsleuten so gedacht haben wie er. Aber es gab eben noch die andere Seite, wortwörtlich verkörpert vor allem von Ernst Röhm und seinen Getreuen in der SA. Röhm, der Rosenberg – allerdings nicht öffentlich – schon 1928 als „tölpelhaften Moralathleten" bezeichnet hatte, gefiel sich immer wieder in einer bewußt antibürgerlichen, ja anarchistischen Pose. Er war, wie der Historiker Charles Bloch schreibt, „eine merkwürdige Mischung von Landsknecht und Idealist. Ständig in der Revolte, hegte er tiefe Verachtung für die bürgerliche Moral."[7] In Röhms autobiographischer Schrift „Die Geschichte eines Hochverräters" (erschienen 1928) heißt es: „Nichts ist verlogener als die sogenannte Moral der Gesellschaft. Ich stelle vorweg fest, daß ich nicht zu den Braven gehöre und nicht den Ehrgeiz habe, ihnen zugesellt zu werden. Zu den ‚Moralischen' will ich schon gar nicht zählen, denn ich habe die Erfahrung gemacht, daß es mit der Moral dieser ‚Moralischen' meist nicht allzuweit her ist." Und mit deutlichem Bezug auf das deutsche Strafgesetzbuch ist dort zu lesen: „Nimmt gar der Staat für sich das Recht in Anspruch und glaubt, durch Gesetze menschliche Triebe regeln oder in andere Bahnen lenken zu können, so erscheint mir das laienhaft und zweckwidrig." In jenem Brief vom Dezember 1928, in dem er seinen „Mitkämpfer" Rosenberg attackiert, redete Röhm Klartext. „Natürlich kämpfe ich mit dem Absatz über Moral vor allem gegen den § 175", schrieb er seinem Freund, dem Berliner Arzt Dr. Karl-Günther Heimsoth.

Ausgerechnet diesen Mann berief Hitler nach dem Wahlerfolg vom September 1930 am 5. Januar 1931 zum „Stabschef der SA", nachdem er den früheren Leiter der „Sturm-

Abteilung der NSDAP“, Hauptmann Franz Pfeffer von Salomon, zum Rücktritt gezwungen hatte. Formell behielt sich Hitler freilich den Oberbefehl über die SA vor, die im Jahr 1931 auf über 250000 Mitglieder anwuchs. Die SS mit ihren 2000 Mitgliedern und der aus ihrer Mitte gebildete Sicherheitsdienst (SD) mit Reinhard Tristan Heydrich an der Spitze war offiziell noch eine Abteilung der SA und Röhm mithin der Dienstvorgesetzte von Himmler und Heydrich. Der erst kürzlich aus Bolivien zurückgekehrte Röhm galt Hitler als der geeignete Mann, die undisziplinierten SA-Scharen unter Kontrolle zu halten – schließlich hatte der „Führer“ unmittelbar nach den Wahlen vom 14. September im „Ulmer Reichswehrprozeß“ (23. September bis 4. Oktober 1930) gegen die drei des Hochverrates angeklagten Leutnants Scheringer, Wendt und Ludin als Zeuge öffentlich beschworen, ausschließlich auf legalem Wege an die Macht zu streben.

Im April 1931 wurde Röhms Homosexualität – nach einer langen Phase diffuser Gerüchte – endgültig zum öffentlichen Thema, und der SA-Stabschef wurde von der Münchner Staatsanwaltschaft wegen entsprechender Denunziationen vernommen (die Ermittlungen gegen ihn führten allerdings nicht zur Anklage, da Röhm sich zwar freimütig als „bisexuell“ bekannte, Straftaten im Sinne des § 175 ihm aber nicht nachzuweisen waren). Besonders die Zeitung „Münchener Post“ nahm sich mit immer heftigerer Polemik dieses Themas an. Dabei schreckte das sozialdemokratisch eingestellte Blatt freilich nicht davor zurück, für diesen „antifaschistischen Kampf“ auch die übelsten antihomosexuellen Vorurteile auszubeuten, so etwa dann, wenn in Artikeln wie „Warme Bruderschaft im Braunen Haus“ (22. Juni 1931) Röhm ohne jeden Beweis als „Jugendverderber“ angeprangert wurde. Als der selbst eher deutschnational gesinnte Verleger und Publizist Franz Radszuweit, der Leiter der Homosexuellenorganisation „Bund für Menschenrechte“ – als deren Mitglied er auch Röhm öffentlich in Anspruch nahm –, in seiner Zeitschrift „Die Freundin“ am 13. August 1931 einen „Offenen Brief“ an Adolf Hitler veröffentlichte (der natürlich unbeantwortet blieb), animierte das die bürgerlich-antinationalsozialistische Presse zu außerordentlich primitiven Tiraden (etwa: „Das Dritte Geschlecht grüßt das Dritte Reich“ – so die „Welt am Montag“, 17. August 1931).

Obwohl die Partei also durchaus in propagandistische Schwierigkeiten geriet – was sich allerdings nicht auf ihren großen Wahlerfolg vom April 1932 auswirkte (36,8 % Stimmenanteil nach dem 2. Wahlgang vom 10. April 1932) –, hielt Hitler an Röhm zunächst fest. „Die SA ist keine Erziehungsanstalt für junge Mädchen, sondern ein Verband rauher Kämpfer“, äußerte er öffentlich. Privat äußerte er sich auch über andere Motive. „Für die Partei ist Röhm mit seinen Verbindungen zur Reichswehr ein wertvoller Faktor“, soll er seinem „Leibfotografen“ Heinrich Hoffmann gesagt haben.* „Sein Privatleben interessiert mich nicht, wenn die nötige Diskretion gewahrt bleibt. Jedenfalls werde ich Röhm deswegen niemals einen Vorwurf machen oder Konsequenzen ziehen.“ Solche Konsequenzen zog der skrupellose Machtpolitiker Hitler 1934 am Ende aber doch (nachdem er schon Ende 1933 dem ersten Chef der Geheimen Staatspolizei, Rudolf Diels, den Auftrag gegeben hatte, die Ausschweifungen der „Röhm-Kamarilla“ genauer

* Diese Verbindungen gab es in der Tat. Amtschef im Reichswehrministerium war seit 1929 General Kurt von Schleicher, und er empfing Röhm im Mai 1931 ohne Wissen des Ministers, General Groener. Thema der Unterredung war die von der SA geübte „Wehrsport-Erziehung“, die sich die Reichswehr zunutze machen wollte.

zu durchleuchten* – und zwar mit brutaler Härte. Er zog sie in einem Moment, als SA und Reichswehr in schärfste Konkurrenz zueinander geraten waren. Erst jetzt, und erst aus diesen machtpolitischen Motiven wurde – wie im nächsten Kapitel gezeigt werden soll – der homosexuelle Stabschef mit den „guten Verbindungen" plötzlich untragbar.

* In seinen 1950 erschienenen Erinnerungen „Lucifer ante portas. Es spricht der erste Chef der Gestapo" behauptet Diels, nur ein „dünnes Aktenstück" als „Sammlung homosexueller Ausschreitungen" zusammengestellt zu haben. Sein Amtsnachfolger Heinrich Himmler dürfte sich damit jedoch kaum begnügt haben.

4. Nationalsozialismus an der Macht: Vom „Röhm-Putsch“ zur „Generalsaffäre“

Es kann nicht überraschen, daß nach der (völlig legalen) „Machtergreifung“ der Nationalsozialisten der Konflikt zwischen Hitler und seinem alten Duzfreund Ernst Röhm eskalieren mußte – bis hin zu einem blutigen Finale. Der fortgesetzte Straßenterror der SA stieß allerdings weniger seiner Brutalität wegen auf vielfache Ablehnung (und vor allem nicht dann, wenn diese Brutalität sich gegen jüdische Bürger richtete). Was Unwillen erregte, insbesondere auf der Seite der Wirtschaftsaristokratie und anderer traditioneller Eliten (etwa der in nicht geringer Anzahl adeligen Reichswehroffiziere), war sein anarchistisches Ungestüm, seine wachsende Unkontrollierbarkeit. Die „Herrschaft der Straße“ und der auf ihr marschierenden braunen Kolonnen schien die Konsolidierung des neuen, totalitären Staates zu gefährden. Eine organisierte Homosexuellenverfolgung gab es damals aber noch nicht – SA und Gestapo nahmen vor allem im ersten Halbjahr 1933 Juden, Kommunisten, Sozialdemokraten, Gewerkschafter und alle anderen, die als verdächtig oder mißliebig galten, ohne jedes Federlesen fest, verschleppten sie in Konzentrationslager, erpreßten, mordeten und folterten; Homosexuelle jedoch, sofern sie nicht aus anderen Gründen als Staatsfeinde galten, blieben von Nachstellungen *wegen ihrer Homosexualität* zunächst zuallermeist verschont.

Die Zahlen belegen dies deutlich: Von den 2450 Schutzhäftlingen, die in Bayern am 10. April 1934 amtlich registriert worden waren, wurden in 2009 Fällen „politische Beschuldigungen" als Inhaftierungsgründe genannt (davon 942mal „Kommunistische Betätigung"), aber nur in zehn Fällen „unsittlicher Lebenswandel".[8]

Ernst Röhm selber wandte sich öffentlich gegen ein „Überhandnehmen" der in seinen Augen „oft geradezu lächerlichen Auswüchse von Prüderie und Schlimmerem" – die Revolution sei schließlich, so meinte er, „nicht von Spießern, Muckern und Sittlichkeitsaposteln gewonnen worden". Es gab NS-Richter, die später zu begeisterten Homosexuellenjägern wurden und dabei die Zeit vor dem 30. Juni 1934 beklagten, „als der frühere Stabschef seinen Einfluß noch ausüben konnte und die Verfolgung derartiger Delikte mit einer gewissen Gefahr verbunden war".[9]

Der „Röhm-Putsch"

Seit Januar 1933 hatte General Werner von Blomberg – kurz darauf zum Generalfeldmarschall befördert – das Amt des Reichskriegsministers inne; dies war eine der Bedingungen des Reichspräsidenten Paul von Hindenburg gewesen, an die er die Ernennung Hitlers zum Reichskanzler geknüpft hatte. Das Amt des Ministeriums leitete jetzt Oberst Walter von Reichenau. Beide Offiziere – vor allem Reichenau – waren dem Nationalsozialismus zugeneigt, standen aber der SA skeptisch gegenüber und sahen in ihr eine höchst unwillkommene Konkurrenz.

Die „Braunhemden" waren freilich seit dem 30. Januar, seit der „Machtergreifung", die Herren der Straße. Röhm – dem Ambitionen nachgesagt wurden, selber Kriegsminister werden zu wollen – sprach gewiß vielen seiner Gefolgsleute aus dem Herzen, als er von einer Fortsetzung der „noch unvollendeten Revolution" sprach – so in einer Proklamation vom Juni 1933, in der es unter anderem hieß:

„... solange das wirkliche nationalsozialistische Deutschland noch der Erfüllung harrt, hört der erbitterte, leidenschaftliche Kampf der SA und SS nicht auf! (...) Deshalb werden die SA und SS nicht dulden, daß die deutsche Revolution einschläft oder auf halbem Wege von den Nicht-Kämpfern verraten wird. Nicht um ihret-, sondern um Deutschlands Willen. Denn die braune Armee ist das letzte Aufgebot der Nation, das letzte Bollwerk gegen den Kommunismus."

Solche Töne verärgerten nicht nur die Reichswehrführung, sie müssen auch dem frischgebackenen Reichskanzler Adolf Hitler in den Ohren geklungen und sein Mißtrauen geschürt haben. Allerdings schrieb Hitler an Röhm – der im Dezember 1933 zum Minister ohne Geschäftsbereich ernannt worden war – am Silvestertag 1933 einen persönlichen Brief, in dem es hieß:

„Als ich Dich, mein lieber Stabschef, in Deine heutige Stellung berief, durchlebte die SA eine schwere Krise. Es ist in erster Linie Dein Verdienst, wenn schon nach wenigen Jahren dieses politische Instrument jene Kraft entfalten konnte, die es mir ermöglichte, den Kampf um die Macht durch die Niederringung des marxistischen Gegners endgültig zu bestehen. Am Abschluß des Jahres der nationalsozialistischen Revolution drängt es mich daher, Dir, mein lieber Ernst Röhm, für die unvergänglichen Dienste zu danken, die Du der nationalsozialistischen Bewegung und dem deutschen Volke geleistet hast, und Dir zu versichern, wie sehr ich dem Schicksal dankbar bin, solche Männer wie Du (sic!) als meine Freunde und Kampfgenossen bezeichnen zu dürfen. In herzlicher Freundschaft und dankbarer Würdigung, Dein Adolf Hitler."

Hitler diktierte an diesem Tag zwölf derartige persönliche Briefe – unter anderem auch an Himmler, Göring und Goebbels –, aber nur Röhm sprach er in der Du-Form an. Schon ein halbes Jahr später freilich ließ er den Duzfreund ohne Zögern ermorden.

Denn der SA-Stabschef ließ sich – ohne dabei in seiner Treue zu Hitler wankend zu werden – in seinem antibürgerlich-sozialrevolutionären Kurs kaum bremsen. Nicht nur, daß die Reichswehrführung sich immer öfter über seine militärischen Ambitionen beschwerte. Reichsinnenminister Wilhelm Frick hatte dringlich die „Reinigung“ der SA von „kriminellen Elementen“ gefordert.* In einem Rundschreiben vom 16. April 1934 merkte Röhm dazu an: „Das Spießbürgertum wird freilich nie begreifen, daß solche ‚Elemente‘ in der SA verbleiben und daß man ihnen womöglich einen dienstlichen Verkehr mit Vorbestraften zumutet. Diesen Herrschaften fiel es aber auch nicht ein, in den Kampfjahren in die SA einzutreten und ihr Leben wie diese ‚Vorbestraften‘ täglich aufs Spiel zu setzen. Oft spielen sich neuhinzugekommene SA-Führer, die selbst nicht einen Tag SA-Kampf hinter sich haben, als die Moralisten der SA auf, die sich durch Ausschlüsse der alten, unbequem gewordenen Kämpfer entledigen, um freies Feld für ‚ihre‘ Erneuerung zu haben. Diese Art engstirniger ‚Erneuerung‘ und ‚Reinigung‘ werde ich niemals dulden.“

Und zwei Tage später, am 18. April, sagte er in einer öf-

* Frick hatte bereits am 11. Juli 1933 mit unmißverständlichem Bezug auf Röhms „Juni-Proklamation“ (siehe oben) festgestellt:
„Wichtigste Aufgabe der Reichsregierung ist es nunmehr, die in ihr vereinigte totale Macht geistig und wirtschaftlich zu untermauern. Diese Aufgabe wird jedoch auf das schwerste gefährdet, wenn weiterhin noch von einer Revolution oder von einer zweiten Revolution geredet wird. Wer jetzt noch so redet, muß sich darüber klar sein, daß er sich damit gegen den Führer selbst auflehnt und dementsprechend behandelt wird.“

fentlichen Ansprache vor dem diplomatischen Korps und vor der versammelten Auslandspresse (!):

„Da mitten in dem gewaltigen Geschehen der nationalsozialistischen Revolution die Kräfte der Reaktion sich nicht offen zur Geltung bringen können, ohne zermalmt zu werden, kämpfen sie – wohl gar als Nationalsozialisten getarnt! – insgeheim und deswegen um so hinterhältiger. Nur mit äußerster Vorsicht gehen sie zu Werke bei ihrem Versuch, das rollende Rad der Revolution rückwärts zu drehen. ‚Ruhe und Ordnung' ist ihr Feldgeschrei. Und in diesem treffen sie sich mit allen Schichten und Lagern des Mucker- und Philistertums. Reaktionären, Muckern und Spießern *muß* ihrer ganzen Geisteshaltung nach der Begriff der Revolution ein Greuel sein, genauso wie umgekehrt uns schlecht wird, wenn wir nur an sie denken. Als unerschütterliches Bollwerk gegen Reaktion, Spießer- und Muckertum steht die SA – denn in ihr verkörpert sich alles, was den Begriff der Revolution ausmacht."

Anfang Juni kam es zu einer langen Unterredung zwischen Hitler und Röhm. Über das Ergebnis ist nichts bekannt. Der Stabschef fühlte sich danach jedenfalls derart sicher, daß er in einer Erklärung vom 8. Juni die SA-Männer bis zum 1. August in Urlaub schickte und selber einen Kuraufenthalt begann (es kann vermutet werden, daß Hitler Röhm scheinbar Entgegenkommen signalisierte, während er faktisch bereits seine Ausschaltung plante). Unterdessen verständigte und festigte sich die Koalition seiner Gegner. Am 28. Juni wurde Röhm aus dem Verband der Deutschen Offiziere ausgeschlossen, am Tag danach veröffentlichte der „Völkische Beobachter" einen Artikel des Generalfeldmarschalls und Ministers Blomberg, in dem es hieß: „Die Rolle der Wehrmacht ist eindeutig und klar. Sie dient diesem Staat, den sie aus innerster Überzeugung bejaht, und sie steht zu dieser Führung, die ihr das vornehmste Recht wiedergab, nicht nur Träger der Waffe, sondern auch der von Staat und Volk anerkannte Träger eines unbegrenzten Vertrauens zu sein."

Noch am späten Abend dieses 29. Juni bestieg Hitler mit einigen Gefolgsleuten – darunter Rudolf Heß und Joseph Goebbels – ein Flugzeug nach München. Dort wurden zunächst die örtlichen SA-Führer Schneidhuber und Schmidt niedergeschossen; anschließend fuhr man mit dem Auto nach Bad Wiessee, wo man um 7 Uhr morgens eintraf. Die SA-Führer hatten bis tief in die Nacht gezecht und schliefen noch – ein deutliches Zeichen ihrer Ahnungslosigkeit. Röhms Adjudant Graf Spreti und Edmund Heines – der berüchtigte Polizeipräsident und oberste SA-Führer von Breslau – wurden auf der Stelle erschossen, dann stürmte Hitler in Röhms Zimmer, überschüttete seinen Duzfreund mit Beleidigungen und Vorwürfen und ließ ihn von SS-Männern in das Gefängnis Stadelheim bringen, wo ihn der SS-Führer Theodor Eicke, Kommandant des Konzentrationslagers Dachau, am 1. Juli erschoß.

Anderen SA-Führern erging es nicht besser. Auch in Berlin wurden SA-Männer wie Obergruppenführer Karl Ernst in der Kaserne von Lichterfelde erschossen. Zudem wurden „alte Rechnungen" beglichen – General Kurt von Schleicher wurde zusammen mit seiner jungen Frau ermordet, ebenso Edgar Julius Jung, der Sekretär des konservativen Vizekanzlers Franz von Papen, der von diesem Amt zurücktreten mußte und unter Hausarrest gestellt wurde (als notorischer Feigling zeigte er sich aber auch nach diesem Intermezzo als treuer Diener des Regimes). In München wurde der Journalist Dr. Fritz Gerlich ebenso ermordet wie der katholische Pfarrer Stempfle, der einst Hitlers „Mein Kampf" redigiert hatte – aber auch der Musikredakteur bei den „Münchner Neuesten Nachrichten", Willi Schmidt, den man mit einem SA-Mann gleichen Namens verwechselt hatte. Insgesamt dürften dem Massaker über 100 Menschen zum Opfer gefallen sein.

Hitler ernannte am 1. Juli 1934 Viktor Lutze zum neuen SA-Stabschef und stellte ihm in einem Tagesbefehl unter demselben Datum zwölf Aufgaben, darunter den folgenden Punkt:

„7. Ich erwarte von allen SA-Führern, daß sie helfen, die SA als reinliche und saubere Institution zu erhalten und zu festigen. Ich möchte insbesondere, daß jede Mutter ihren Sohn in SA, Partei und HJ geben kann, ohne Furcht, er könne dort sittlich oder moralisch verdorben werden. Ich wünsche daher, daß alle SA-Führer peinlichst darüber wachen, daß Verfehlungen nach § 175 mit dem sofortigen Ausschluß des Schuldigen aus SA und Partei beantwortet werden. Ich will Männer als SA-Führer sehen und keine lächerlichen Affen."

Am 3. Juli sprach Hitler vor dem Ministerrat und erwähnte dabei einen SA-Klüngel aus „minderwertigen, homosexuellen Elementen". Vergebens habe er, Hitler, Röhm ins Gewissen geredet; dieser habe alle Zusagen gebrochen, Waffen sammeln lassen und unter dem Deckmantel des allgemeinen SA-Urlaubes für den 30. Juni einen Putsch vorbereitet, der durch sein eigenes – Hitlers – entschlossenes Eingreifen zerschmettert worden sei. Kriegsminister Blomberg dankte dem „Führer" überschwenglich; bereits zwei Tage zuvor, am 1. Juli 1934, hatte er in einem Tagesbefehl festgestellt: „Der Führer hat mit soldatischer Entschlossenheit und vorbildlichem Mut die Verräter und Meuterer selbst angegriffen und niedergeschmettert. Die Wehrmacht als der Waffenträger des gesamten Volkes, fern vom innenpolitischen Kampf, dankt ihm durch Hingebung und Treue." Diese Ergebenheit wurde bereits im nächsten Monat, im August 1934, durch den persönlichen Treueid auf den „Führer" unterstrichen, den ab sofort jeder deutsche Soldat zu leisten hatte.

Am 3. Juli verabschiedete der Ministerrat das folgende Gesetz: „Die zur Niederschlagung hoch- und landesverräterischer Angriffe am 30. Juni und am 1. und 2. Juli vollzogenen Maßnahmen sind als Staatsnotwehr rechtens."

Damit war in Deutschland jedes Relikt des Rechtsstaates ausgetilgt. Allein der „Wille des Führers" bestimmte ab sofort Recht und Gesetz. Hitler selbst hielt am 13. Juli eine lange Reichstagsrede, die die bekannten Vorwürfe gegen die „Verschwörer" wiederholte und in dem bezeichnenden Satz endete: „In dieser Stunde war ich verantwortlich für das Schicksal der deutschen Nation und damit des deutschen Volkes oberster Gerichtsherr."

Der Historiker Charles Bloch zieht in seinem Buch über die Ereignisse des Jahres 1934 das folgende Fazit: „Unter diesen Umständen war es nicht verwunderlich, daß die Öffentlichkeit die offizielle Version der Ereignisse akzeptierte und die Aktion Hitlers billigte. Gewiß, es fehlte ihr jede objektive Information, und sie lebte in Angst vor der Gestapo. Aber all dies genügte nicht, um den völligen Mangel an Protest zu erklären. Die Wahrheit ist, daß weite Kreise des Bürgertums nach dem 30. Juni Erleichterung empfanden. Die SA hatte ihnen Furcht eingeflößt, sowohl durch ihre ‚revolutionären' Redensarten als auch durch den Terror, den sie auf der Straße ausgeübt hatte. Man glaubte, daß die so oft versprochene ‚Reinigungsaktion' endlich stattgefunden habe, auch wenn die Form etwas brutal war. Man hoffte, daß jetzt die ‚Ruhe und Ordnung' wiederhergestellt und auch der normale Gang der Geschäfte gesichert sei."[10]

Bloch zählt die Gewinner und die Verlierer des Machtkampfes von 1934 auf – daß die SS zu den Gewinnern gezählt wird, dürfte unstrittig sein. Zu den Verlierern rechnet er Kleinbürgertum und Mittelstand. Dies mag zutreffend sein, aber einen offensichtlichen Verlierer nennt der Historiker nicht: die deutschen Homosexuellen. Nicht nur, daß sie ab sofort zur Zielscheibe einer verschärften Propaganda und einer sich intensivierenden Verfolgung wurden – überdies rächte sich jetzt, daß auch die antifaschistische Propaganda der Weimarer Zeit auf übelste antihomosexuelle Klischees nicht verzichtet hatte, wo ihr das als politisch geboten erschienen war. Diese schlimme Tradition setzte sich jetzt fort, und so wurde selbst die schwankende Haltung der NSDAP zum Anlaß neuer, primitiver antihomosexueller Verdachts- und Denunziationsrhetorik – sei es, daß die Zeitung „Populo d'Italia" nach der Ermordung des österreichischen Diktators Dollfuß schrieb: „Die Herren Nazis sind Mörder und Päderasten", sei es, daß Dichter wie Bertolt Brecht die Mär in Verse gossen, Hitler habe sich am 30. Juni 1934 eines einstigen Liebhabers entledigt ...

Die „Generals-Affäre"

In seiner Reichstagsrede vom 13. Juli 1934 hatte Adolf Hitler den Kriegsminister Generalfeldmarschall Werner von Blomberg, der sich dem nationalsozialistischen Staat so treu ergeben gezeigt hatte, als „Ehrenmann vom Scheitel bis zur Sohle" gefeiert. Das rächte sich. Am 12. Januar 1938 heiratete der verwitwete Blomberg, Vater von fünf Kindern, eine 35 Jahre jüngere Frau – er hatte sie auf einem Spaziergang im September 1937 kennengelernt, denn weil sein Gaul lahmte, unterblieb der morgendliche Ausritt. Da diese Frau „aus einfachen Verhältnissen" stamme, hatte Blomberg (er selbst hatte kurz zuvor die Heiratsordnung für die deutschen Offiziere ganz im Sinne der nationalsozialistischen Rassegesetzgebung verschärft!) Adolf Hitler und Hermann Göring als Trauzeugen gewinnen können, um – wie er sagte – dem Hochmut des Offizierskorps zu begegnen, in dessen Reihen er sich keiner großen Beliebtheit erfreute.

Wenig später stellte sich allerdings heraus, daß Blombergs junge Frau – eine geborene Margarethe Gruhn – in Berlin seit 1932 von Amts wegen als Prostituierte registriert war und daß in einer Akte der Sittenpolizei sechs pornographische Fotos von ihr existierten. Am 24. Januar überbrachte Hermann Göring – als preußischer Ministerpräsident – dem „Führer" die mittlerweile zu ihm gelangten Dokumente, also die Polizeiakte samt den „grobunzüchtigen" Fotos. Hitler zeigte sich erschüttert. „Wenn ein deutscher Feldmarschall eine Hure heiratet, dann ist auf der Welt alles möglich", soll er laut Erinnerung seines Privatsekretärs Fritz Wiedemann immer wieder gemurmelt haben. Durch Göring legte er dem Kriegsminister nahe, sich von seiner Frau zu trennen – was Blomberg wider Erwarten ablehnte. So blieb nur die Entlassung aus dem Amt – am 27. Januar empfing Hitler Blomberg zur Abschiedsaudienz; der Ex-Minister und seine Frau verließen schon am nächsten Tag Deutschland für eine längere Weltreise und kehrten nach einem halben Jahr als Verbannte in Blombergs Haus in Bad Wiessee zurück; Blombergs Frau arbeitete später dort bei der Kurverwaltung. Ihr Mann war auf Verlangen der Generalität – die Hitler am 4. Februar 1938 über diesen „Fall" (im Doppelsinn des Wortes) aufgeklärt hatte – aus der Rangliste der deutschen Offiziere gestrichen worden. Er überlebte das „Dritte Reich" und dessen Führer und starb 1946 an Magenkrebs.

Die Affäre Blomberg/Gruhn muß hier vor allem deshalb Erwähnung finden, weil sie zum Vorspiel eines anderen, noch schlimmeren Skandals geworden ist. Aus dieser Duplizität der Ereignisse resultierte schließlich die „schwerste Krise des Regimes seit der Röhmaffäre“ (so Joseph Goebbels in seinem Tagebuch am 27. Januar 1938), was dazu führte, daß auch der nach Blomberg ranghöchste deutsche Offizier wegen angeblicher homosexueller Verfehlungen seinen Posten (nicht allerdings die Offiziersehre) verlor: Generaloberst Werner von Fritsch, Oberkommandierender des Heeres seit dem 1. Februar 1934.

Bereits anderthalb Jahre zuvor, im Sommer 1936, hatte der Reichsführer SS und Chef der deutschen Polizei, Heinrich Himmler, seinem „Führer“ Adolf Hitler eine Akte vorgelegt, aus der hervorgehen sollte, daß Generaloberst Werner von Fritsch um die Jahreswende 1933/34 wegen „widernatürlicher Unzucht“ erpreßt worden sei. Hitler hatte jedoch eine weitere Untersuchung abgelehnt und erklärt, er wolle von der Sache nichts mehr hören – die Akte sei zu verbrennen und der Vollzug zu melden. Abermals zeigte sich, daß der skrupellose Machtpolitiker Hitler, der keinen Moment zögerte, wenn es geboten schien, antihomosexuelle Vorurteile propagandistisch auszunutzen, von einem persönlichen Homosexuellenhaß weitgehend frei gewesen zu sein scheint, ganz anders als Heinrich Himmler (der, im Verein mit seinem obersten Sicherheitschef Reinhard Tristan Heydrich, die Akte Fritsch denn auch im Tresor aufbewahrte, statt sie weisungsgemäß zu vernichten). Aber als Hitler am 24. Januar 1938 vom preußischen Ministerpräsidenten – und Oberkommandierenden der Luftwaffe –, Generaloberst Hermann Göring, über die Mesalliance des Reichskriegsministers Blomberg unterrichtet worden war und die (laut Polizeibericht) „grobunzüchtigen“ Fotos von Blombergs junger Frau Margarethe betrachtet hatte, gab er noch am selben Abend Himmler die Anweisung, die Gestapo-Ermittlungsakte Fritsch zu rekonstruieren. Immerhin war der im Offizierskorps im Gegensatz zu Blomberg äußerst angesehene Fritsch ein möglicher Anwärter auf das freiwerdende Ministeramt. Daß Göring, der selber Ambitionen auf den verwaisten Posten des Kriegsministers hegte, einen entsprechenden Hinweis hat fallenlassen, ist möglich, aber ungewiß. Hitlers Gedächtnis war gut genug, um sich selber an jene Akte zu erinnern, deren Verbrennung er vor achtzehn Monaten befohlen hatte.

Zur „Rekonstruktion" dieser Akte Fritsch gehörte auch die Überführung des Belastungszeugen Otto Schmidt aus dem Strafgefangenenlager Börgermoor im Emsland nach Berlin, wo Schmidt mit seinen Gestapo-Begleitern am 26. Januar eintraf. Schmidt, seit 1935 inhaftiert, war am 28. Dezember 1936 wegen diverser Vergehen, unter anderem neunmaligen Verstoßes gegen § 175 StGB, zu sieben Jahren Gefängnishaft verurteilt worden. Schon bei seiner Vernehmung 1936 hatte Schmidt einen „General der Artillerie" namens Fritsch beschuldigt, mit einem unter dem Spitznamen „Bayern-Seppl" bekannten Strichjungen in einer Bahnhofstoilette Unzucht getrieben zu haben, weswegen er, Schmidt, jenem General ein Schweigegeld von insgesamt 2500 Mark abgepreßt habe.* Diese Aussage gelangte schon damals auf den Schreibtisch Heinrich Himmlers, der Hitler alsbald darum ersuchte, mit Ermittlungen gegen Fritsch beginnen zu dürfen (was der „Führer", wie erwähnt, brüsk abgelehnt hatte).

Diese „rekonstruierte" Fritsch-Akte lag jetzt, am Morgen des 25. Januar 1938, auf Hitlers Schreibtisch. Am nächsten Tag wurde – möglicherweise auf Initiative Görings – in

* Schmidt beschuldigte 1936 noch andere Prominente, so den Tennis-Champion und Wimbledon-Finalisten Gottfried von Cramm, der 1938 während des Kriegsgerichtsverfahrens gegen Fritsch von der Gestapo verhaftet und vor Gericht gestellt wurde.

der Reichskanzlei eine Gegenüberstellung Schmidts und Fritschs arrangiert. Hitler informierte zuerst Fritsch, dem er sagte, er habe für alles Verständnis – falls Fritsch die Homosexualität zugebe, komme als Ausweg ein Auslandsaufenthalt in Frage (gedacht war offenbar an eine Militärberatertätigkeit bei Marschall Tschiang kai-schek in China). Fritsch hingegen beteuerte seine Unschuld. Daraufhin wurde Otto Schmidt hereingeführt und rief sofort: „Ja, er ist es!“ (Später sollte er behaupten, den Offizier an einem nervösen Zucken der Schulter erkannt zu haben.)

Fritsch wurde daraufhin von Hitler von seinem Posten beurlaubt und in seine Wohnung entlassen; er habe sich am nächsten Tag im Gestapo-Hauptquartier zur Vernehmung einzufinden. Die Leitung dieser Vernehmung oblag Dr. Werner Best als ranghöchstem Beamten. Fritsch wurde nicht nur abermals Schmidt gegenübergestellt – als er das Gebäude betrat, wurde er, ohne es zu wissen, auch dem sogenannten „Bayern-Seppl“ (mit bürgerlichem Namen Martin Weingärtner) gezeigt, der den Offizier allerdings nicht wiedererkannte. Das folgende Verhör blieb ergebnislos, Aussage stand gegen Aussage.

Während Generaloberst Fritsch noch bei der Gestapo saß, hatte Hitler am Vormittag jenes 27. Januar Fritschs einstigen Vorgesetzten Blomberg in den Urlaub verabschiedet. Die Nachfolgefrage war immer noch nicht geklärt – Hitler ließ sogar die Reichstagssitzung am 30. Januar (Gedenktag der „Machtergreifung“) verschieben. Hermann Göring hatte seine Ambitionen auf den Posten des Kriegsministers nicht verborgen, auch Heinrich Himmler schien eine Beförderung zu erwarten* – aber beides hätte nicht in das

* Seine Frau notierte am 4. 2. 1938 in ihrem Tagebuch: „H. ist sehr nervös. Hat doch Tag und Nacht daran mitarbeiten müssen und ist selbst nicht befördert.“

„System Hitler“ gepaßt. Im Falle Himmlers mußte auch der zunehmende Argwohn des Offizierskorps gegenüber der SS berücksichtigt werden, in deren Reihen man – nicht ganz zu Unrecht – den Ursprung der Intrige gegen Fritsch vermutete. Viele Offiziere hatten vor dreieinhalb Jahren die Niederwerfung der SA-Führung durch SS-Killerkommandos ausdrücklich begrüßt – „bald merkten sie, daß sie den Teufel durch Beelzebub hatten austreiben lassen“.[11] An ihrer treuen Gefolgschaft für Hitler und seine Kriegspläne änderte dies in den allermeisten Fällen jedoch nichts.

Am 3. Februar ließ Hitler – der inzwischen in das von Justizminister Franz Gürtner empfohlene Gerichtsverfahren in Sachen Fritsch eingewilligt hatte – dem beurlaubten Generaloberst mitteilen, er möge sofort sein Abschiedsgesuch einreichen; sein für das Verfahren verpflichteter Rechtsanwalt Graf von der Goltz riet ihm davon ab, aber Fritsch unterschrieb das Gesuch nach eigenem Bekunden „gern“. Das Tischtuch zwischen ihm und Hitler sei ohnehin zerschnitten: „Ein Zusammenwirken mit diesem Manne ist für mich unmöglich.“

Am 4. Februar gab Hitler dann endlich das große „Revirement“ der Wehrmachtsführung bekannt: Eine Stunde vor Mitternacht begann der Rundfunksprecher, den durch Marschmusik auf „eine Meldung von größter Bedeutung“ eingestimmten Radiohörern das Kommuniqué der Reichsregierung vorzulesen. „Stärkste Konzentration aller Kräfte in der Hand des Führers“, lautete das eingängige Schlagwort. Außer Blomberg und Fritsch wurden zwölf Generäle entlassen, 51 Positionen umbesetzt. Erst am 5. Februar wurde die Generalität von Hitler persönlich informiert – Blomberg und Fritsch fehlten freilich in dieser Runde. Die Offiziere zeigten sich vor allem beeindruckt, als Hitler aus der Gestapoakte Fritsch zitierte. Bezeichnend wirkte, daß keiner der Anwesenden den – eigentlich naheliegenden – Einwand wagte, Fritsch sei faktisch vorverurteilt worden, obwohl das von Hitler am selben 5. Februar angeordnete Kriegsgerichtsverfahren gegen ihn noch gar nicht begonnen hatte. „An dem unsolidarischen, hilflosen Verhalten der Generalität läßt sich ... ablesen, wie weit sie sich aus großmacht- und staatspolitischen Gründen bereits mit dem Regime eingelassen hatte – sie war wie alle anderen staatlichen Bereiche ein nahezu perfekt funktionierendes Glied des totalitären Systems."[12]

Dies galt sogar für den abgehalfterten Fritsch selbst, wie wir noch sehen werden. Der Generaloberst a.D. wurde der Sache nach rehabilitiert, als sich während der gerichtlichen Ermittlungen herausstellte, ein Rittmeister von *Frisch* sei offensichtlich mit *Fritsch* verwechselt worden. Dieser – mittlerweile kranke und dauernd bettlägerige – Rittmeister Frisch gab auf Befragen des Gerichts, das ihn zwecks Vernehmung in seiner Wohnung Ferdinandstraße 20 aufsuchte, sofort den gleichgeschlechtlichen Verkehr vom November 1930 zu, auch die Zahlung von 2500 Mark an den Erpresser Schmidt – wofür Frisch sogar eine von Schmidt unterzeichnete Quittung vorweisen konnte! Als das Gericht daraufhin die Einstellung des Verfahrens empfahl – Rittmeister Frisch war zwischenzeitlich von der Gestapo verhaftet worden –, lehnte Hitler auf Anraten des bei dieser Szene anwesenden Himmler das vom Gerichtspräsidenten General Walter Heitz mündlich vorgetragene Ersuchen rundweg ab.* Die Gerichtsverhandlung begann – selbstredend unter Ausschluß der Öffentlichkeit – am 10. März 1938 und wurde

* Hitler, der Generalität gegenüber immer mißtrauischer, hat offenbar ernsthaft geglaubt, das Heer könne den „Rittmeister Frisch" absichtlich produziert haben, um seinen einstigen Oberbefehlshaber Fritsch dadurch zu entlasten.

schon am ersten Verhandlungstag unterbrochen: Hitler hatte die Wehrmacht in Österreich einmarschieren lassen, das „Großdeutsche Reich" war geschaffen. Als am 18. März weiterverhandelt wurde, gab der Erpresser Schmidt schließlich zu, bewußt gelogen zu haben, als er Generaloberst Fritsch anstelle des Rittmeisters Frisch beschuldigt hatte. Um den peinlichen Eindruck, der jetzt zurückbleiben mußte, wenigstens etwas abzumildern, ließ Hermann Göring in das Urteil – das auf Freispruch wegen erwiesener Unschuld lautete – einen Satz aufnehmen, der die harsche Behandlung des jetzt rehabilitierten Generalobristen begründen sollte: „Es liegen zu viele und zu trübe Erfahrungen vor, die beweisen, das gleichgeschlechtliche Veranlagung und Betätigung in allen Kreisen, in jedem Stand und auch bei geistig und kulturell sehr hochstehenden, sonst untadeligen Menschen auftreten ..."

Hitler wurde über diesen Freispruch sofort informiert und soll „tief erschüttert" gewesen sein – er erlaubte Fritschs Nachfolger, Generaloberst Manfred von Brauchitsch, den Tenor des Urteils der Generalität bekanntzugeben; jegliche Diskussion darüber hatte jedoch zu unterbleiben. In sein früheres Amt wurde Fritsch freilich nicht wieder eingesetzt – offiziell hatte er es ja aus gesundheitlichen Gründen abgegeben. Jetzt erfuhren die Deutschen, daß der „Führer" dem General a.D. zur Genesung gratulierte. Fritsch blieb verständlicherweise verbittert – er erwog ernsthaft, den Reichsführer SS Heinrich Himmler zum Duell zu fordern. Doch ein treuer Parteigänger des Nationalsozialismus blieb er trotz aller Empörung über das Versagen Hitlers. Fast ein Jahr nach seiner Entlassung und kurz nach den als „Reichskristallnacht" bekannt gewordenen Judenpogromen, am 11. Dezember 1938, hat er an seine langjährige Brieffreundin, die Baronin von Schutzbar, geschrieben: „Bald nach dem

Kriege kam ich zu der Ansicht, daß 3 Schlachten siegreich zu schlagen seien, wenn Deutschland wieder mächtig werden sollte: 1. die Schlacht gegen die Arbeiterschaft, sie hat Hitler siegreich geschlagen. 2. gegen die katholische Kirche, besser gesagt gegen den Ultramontanismus, und 3. gegen die Juden. In diesen Kämpfen stehen wir noch mitten drin. Und der Kampf gegen die Juden ist der schwerste."[13] Von diesem „schwersten Kampf" hat Fritsch freilich nicht mehr viel mitbekommen, denn als er als „Frontbeobachter" am Eroberungsfeldzug gegen Polen teilnahm (zu seinem großen Ärger hatte man ihm, anders als anderen Pensionären, kein Kommando anvertraut), traf ihn am 22. September 1939 ein Querschläger. Der Generaloberst a. D. nahm noch sein Monokel ab, sagte „Lassen Sie nur ...", als man ihn verbinden wollte, und verblutete binnen einer Minute.

Zweifellos ist Fritsch von Hitler – der sofort ein Staatsbegräbnis anordnete –, vor allem aber von Himmler übel mitgespielt worden. Es besteht jedoch kein Anlaß, ihn deshalb posthum zu einer Art „Widerstandskämpfer" zu stilisieren, wie dies vor allem spätere hohe Bundeswehroffiziere versucht haben.[14] Besser hatte es der wenige Tage vor Fritsch entlassene Generalfeldmarschall Blomberg getroffen, der – von seinen einstigen Offizierskollegen immer noch geschnitten – kurz vor dem eigenen Tod vor dem Internationalen Gerichtshof von Nürnberg zu Protokoll gab: „Mir ist weder eine Handlung oder eine bestimmte Stellungnahme von Generalen gegen Hitler und sein NS-Programm bekannt geworden ... Wenn jetzt so viele Generale ihre damalige Stellungnahme ableugnen und behaupten, daß sie von jeher Hitler feindlich gesonnen gewesen wären, so spielt offenbar das Gedächtnis einen Streich, ein Vorgang, der vom Bestreben nach einer Entlastung, vielleicht sogar unbewußt, getragen wird."[15]

Erheblich übler als dem stets staatstragenden General Fritsch ist es allerdings einem anderen Mann ergangen – seinem Denunzianten, dem Homosexuellen Otto Schmidt. Gewiß ist dieser Mensch ein mieser Erpresser gewesen; ob er zu Teilen seiner Aussage nicht von Gestapo und SS „angeleitet“ worden ist, muß trotz aller Aufklärungsversuche letztlich im dunkeln bleiben. In jedem Fall war Schmidt aber nicht bloß Täter, sondern vor allem auch Opfer. Als Hitler am 13. Juni 1938 der versammelten Generalität endlich den vollen Wortlaut des Fritsch-Freispruches vortragen ließ, kündigte er beiläufig auch Schmidts Hinrichtung an. Doch Heydrich, in dessen Panzerschrank ja auch die Gestapo-Akte Fritsch überdauert hatte, „konservierte“ nun, aus unbekannten Gründen, den inhaftierten Zeugen Schmidt – möglicherweise für eine spätere „Wiederverwendung“ ... Heydrich selbst – er erlag am 4. Juni 1942 den Folgen eines Attentats – war bereits anderthalb Monate tot, als sein Mentor Heinrich Himmler wieder auf jenen Häftling Otto Schmidt aufmerksam wurde (angeblich hatte Schmidt leichtsinnigerweise damit geprahlt „auszupacken“). Am 29. Juli schrieb Himmler an Göring, daß er Hitler die Exekution Schmidts vorschlagen wolle. „Der sollte doch schon *längst* erschossen werden“, notierte Göring zynisch am Rand des Schriftstückes.

Am 30. Oktober 1942 wurde der homosexuelle Kleinkriminelle Otto Schmidt, 36 Jahre alt und „Schutzhäftling“ im Konzentrationslager Sachsenhausen, in dieser Haftanstalt erhängt.

5. Von der Ausgrenzung zur Verfolgung

Wie oben bereits angedeutet, hatte es während der „Ägide Röhm", das heißt in den fast anderthalb Jahren zwischen dem 30. Januar 1933 und dem 30. Juni 1934, eine aktive Homosexuellenverfolgung im nationalsozialistischen Staat nicht – oder jedenfalls nur in örtlichen Einzelfällen – gegeben. Nach der Ermordung des Stabschefs und nach der Entmachtung der SA änderte sich die Szenerie jedoch rasch. Das düstere Kapitel der Fritsch-Affäre mochte davon einen ersten Vorgeschmack gegeben haben.

Im Rückblick auf den Juni 1934 stellte der damals kometenhaft emporgestiegene Reichsführer SS, Heinrich Himmler, allen Ernstes fest, Deutschland sei damals in Gefahr gewesen, ein „Staat der Urninge" zu werden (ob sich aus dieser Wortwahl ableiten läßt, daß Himmler mit dem oben erwähnten Buch „Vindex" vertraut gewesen ist, muß dahingestellt bleiben ...) Homosexuelle Neigungen bei Offizieren und Beamten erachtete Himmler als eine „Katastrophe für den Staat". Als er jetzt dieser Katastrophe durch eine deutlich aktivierte Homosexuellenverfolgung vorbeugen konnte, ging Himmler mit Feuereifer zu Werke. „Wir haben in den ersten sechs Wochen auf diesem Gebiet im Jahre 1934 mehr Fälle dem Gericht zugeführt als das gesamte Polizeipräsidium in Berlin in 25 Jahren", renommierte er später.

Als Himmler im April 1934 von München nach Berlin übergesiedelt war, hatte er von der Isar auch den „alten

Kämpfer der NS-Bewegung", Kriminalinspektor Josef Meisinger, mitgebracht. Meisingers neuem Wirkungsbereich ordnete Himmler auch das Sonderdezernat „II1So" zu, das die sexuelle Orientierung von Straftätern und Mißliebigen zu überprüfen hatte. Dem Dezernat sollten von allen Polizeibehörden des Reiches bis zum 1. Dezember 1934 sämtliche Personen namentlich mitgeteilt werden, von denen bekannt sei, daß sie sich je „homosexuell betätigt" hätten. In einem zweiten Schriftsatz vom 1. November 1934 wurde zusätzlich Auskunft darüber verlangt, ob die solcherart registrierten Personen Mitglied der NSDAP oder einer anderen NS-Organisation seien und, gegebenenfalls, seit wann und in welcher Position. Allerdings scheint der Rücklauf sehr gering gewesen zu sein. Dennoch: „Über mangelnde Arbeit konnte sich das Sonderdezernat in der Zeit von 1934 bis Anfang 1936 nicht beklagen", schreibt Burkhard Jellonek, der die nationalsozialistische Homosexuellenverfolgung detailgenau untersucht hat.[16]

Opfer dieser Säuberungskampagne wurde zum Beispiel – wie Jellonek ausführlich berichtet – im Oktober 1935 ein Ministerialrat des Kultusministeriums, zugleich Inspekteur der Nationalpolitischen Erziehungsanstalten. Obwohl dieser „alte Kämpfer" schon beim Münchner Putsch von 1923 dabeigewesen war und im Jahr darauf mit Hitler in der Festung Landsberg konferiert hatte, verlor er sowohl den Posten als Inspekteur als auch die Parteimitgliedschaft. Der Mann sei ein „gefährlicher Jugendverführer", teilte das Sonderdezernat dem Parteigericht mit, und während des Ausschlußverfahrens wurde vorgebracht, er sei wohl „am 30. Juni 1934 vergessen worden". Auch ein Ministerialdirektor des Innenministeriums wurde aus der Partei ausgeschlossen, nachdem er eine homosexuelle Affäre mit seinem Kammerdiener und Beziehungen zu mehreren Strichjungen zugegeben hatte – zudem wurde ein Gerichtsverfahren eingeleitet. So auch im Falle des schlesischen Gauleiters Helmut Brückner, der im November 1934 von der Gestapo wegen „gemeinsamer Onanie“ in Schutzhaft genommen wurde – der Prozeß gegen ihn wurde so lange hinausgezögert, bis Mitte 1935 der § 175 verschärft worden war. Danach konnte Brückner „mit vollem Recht“ zu 15 Monaten Gefängnis verurteilt werden. Hitler persönlich erließ ihm die zweite Hälfte der Haftzeit, lehnte aber ein späteres Gnadengesuch Brückners auf Wiederverwendung in der Partei ab.

Die Verschärfung des § 175

Der § 175 wurde fast auf den Tag genau ein Jahr nach der Verhaftung und Ermordung Röhms, am 28. Juni 1935, durch eine Strafgesetznovelle verschärft. Daß Homosexualität strafbar bleiben müsse, war für die dem NS-Regime verpflichteten Juristen ohnehin keine Frage; Versuche, den Paragraphen als Ganzen aus dem Strafgesetzbuch zu streichen, bezeichnete der Vorsitzende der amtlichen Strafrechtskommission, Professor Wenzel Graf Gleispach, auf deren 45. Sitzung am 18. September 1934 als „Lieblingsthema einiger Sexualpathologen hauptsächlich nichtarischer Abstammung“.

Da die Rechtsprechung des Reichsgerichtes bisher den Straftatbestand des seit 1871 gültigen § 175 nur dann als gegeben angesehen hatte, wenn ein Mann sein Geschlechtsteil in eine Körperhöhle des Partners einführte (weshalb wechselseitige Onanie wie im Fall des oben erwähnten Gauleiters Brückner und wie schon seinerzeit bei den Ermittlungen gegen Ernst Röhm ungeahndet bleiben mußte), entschieden sich die Experten der Strafrechtskommission, künftig alle „gewohnheitsmäßigen“ homosexuellen Handlungen als strafwürdig ansehen zu wollen, und zwar unabhängig von der jeweils angewendeten sexuellen Technik. Im nächsten Jahr – 1935 – lieferte das Justizministerium dafür den nachstehenden Entwurf eines verschärften Paragraphen:

„Ein Mann, der mit einem anderen Mann Unzucht treibt oder sich von ihm zur Unzucht mißbrauchen läßt, wird mit Gefängnis bestraft. Bei einem Beteiligten, der zur Zeit der Tat noch nicht 21 Jahre alt war, kann das Gericht in besonders leichten Fällen von einer Strafe absehen.“

Bis zum 14. Juni 1935 hatten alle zuständigen Reichsministerien diesen Entwurf abgesegnet, zwei Wochen später trat er in Kraft, nachdem ihn das Reichskabinett einstimmig verabschiedet hatte. Im Zuge der Diskussion um ein neues Reichsstrafgesetz, das zunächst für den 30. Januar 1937 angekündigt worden war, wurde freilich noch lebhaft über weitere Verschärfungen debattiert – so hatte Heinrich Himmler in einer Stellungnahme vom 2. März 1937 angeregt, Übertretungen des erweiterten und verschärften § 175 auch mit Zuchthausstrafen zu ahnden. Das neue Strafgesetzbuch kam allerdings nicht zustande – im mittlerweile entbrannten Krieg halte der Führer dessen Verabschiedung für wenig sinnvoll, hieß es in einem Brief der Reichskanzlei vom 18. Dezember 1939 an Reichsjustizminister Franz Gürtner; die im selben Monat vorgelegte „Schwerverbrecherverordnung“ sah freilich für schwere Fälle von Verstoß gegen den § 175 Zuchthausstrafen, in besonders gravierenden Fällen lebenslanges Zuchthaus oder sogar die Todesstrafe vor. Auch diese Verordnung scheiterte allerdings am Veto Hitlers, der es wiederum für wenig günstig hielt, sich in Kriegszeiten auf neue gesetzliche Vorschriften festzulegen.

In jedem Fall schlugen sich bereits diese erste Verschärfung des § 175 im Jahre 1935 (auch wenn sie vielen noch nicht weit genug ging) und vor allem das intensivierte Vorgehen der Polizei in einer deutlichen Zunahme der Gerichtsverfahren nieder: Von 1933 bis 1935 waren „nur" in 3907 Fällen Vergehen gegen die §§ 175, 175a und b abgeurteilt worden – 1936 bis 1938 jedoch bereits in 22153 entsprechenden Gerichtsverfahren. Insgesamt standen 1933 bis 1945 etwa 100000 Homosexuelle vor Gericht, rund in der Hälfte der Fälle kam es zu einer rechtskräftigen Verurteilung – nicht selten mit tödlichen Folgen.

Allerdings darf nicht übersehen werden, daß – trotz der spürbar härter gewordenen Repressalien – den deutschen homosexuellen Männern, auch den rechtskräftig verurteilten, immer noch Ausweichmöglichkeiten zu Gebote standen, die es für andere verfolgte Minderheiten im nationalsozialistischen Imperium – etwa für jüdische Bürger oder Sinti und Roma – allenfalls noch in seltenen Einzelfällen gab: „1938 wanderte ein Bad Dürkheimer Kaufmann nach verbüßter neunmonatiger Gefängnisstrafe wegen § 175 Richtung Italien aus, weil er wegen ‚Sittlichkeitsverbrechen' von der Bevölkerung gemieden wurde ..."[17]

Die „Reichszentrale zur Bekämpfung der Homosexualität und Abtreibung"

Als Heinrich Himmler als Reichsführer SS im Juni 1936 auch die Leitung der gesamten Deutschen Polizei übernahm,* schlug die Stunde der Zentralisierung: Das preußische Landeskriminalpolizeiamt erhielt jetzt reichsweite

* Formell unterstand Himmler in dieser Funktion zunächst noch dem Reichsinnenministerium, bis er 1943 selbst das Amt des Innenministers übernahm.

Weisungsbefugnisse und wurde am 16. Juli 1937 in Reichskriminalpolizeiamt (RKPA) umbenannt. Ihm übergeordnet war das am 27. September 1939 neugeschaffene Reichssicherheitshauptamt (RSHA) als Dachorganisation von Geheimer Staatspolizei (Gestapo), Kriminalpolizei und Sicherheitsdienst. Es wurde zunächst von Reinhard Tristan Heydrich und nach dessen Tod von Ernst Kaltenbrunner geleitet. Das Reichskriminalpolizeiamt figurierte als Amt V das RSHA, ihm stand der Reichskriminaldirektor Arthur Nebe vor.

Die Errichtung der „Reichszentrale zur Bekämpfung der Homosexualität und Abtreibung" war ebenfalls Ausdruck des Bemühens um eine straffe Zentralisierung einerseits, zu dem aber auch um eine schärfere Gangart bei der Bekämpfung der Homosexualität, die, wie es in Reinhard Heydrichs Gründungserlaß vom 10. Oktober 1936 hieß, als „eine der größten Gefahren für die Jugend" galt. Allerdings kann nicht behauptet werden, daß diese Absicht sonderlich effektiv umgesetzt worden ist. Nach etlichem bürokratischen Hin und Her wurde die „Reichszentrale" im Oktober 1939 dem Reichskriminalpolizeiamt (RKPA) angegliedert und nicht mehr dem Geheimen Staatspolizeiamt (Gestapa) unterstellt – vermutlich, weil die Gestapo durch eine Weisung Heydrichs vom 31. August 1939 „kriegsbedingt" entlastet werden sollte. Möglicherweise spielte bei dieser Entscheidung aber auch mit, daß sich die Gestapo bei der Untersuchung der Fritsch-Affäre – siehe oben – reichlich dilettantisch verhalten hatte; dem verantwortlichen Kriminaloberrat Josef Meisinger war schon im März 1938 das Sonderdezernat zur „Homosexuellenarbeit" entzogen worden. Meisinger selbst wurde alsbald aus Berlin abgeschoben (er wurde wegen Kriegsverbrechen, die er 1940 in Warschau begangen hatte, 1947 von einem polnischen Gericht zum Tode verurteilt und hingerichtet).* Die polizeiliche Leitung der „Reichszentrale" hatte der Kriminalrat Erich Jacob inne, im Gegensatz zum „alten Kämpfer" Meisinger (der ursprünglich Bankbeamter gewesen war) ein gelernter Polizist und eher ein technokratischer Typ (erst im Juni 1940 trat Jacob, acht Jahre jünger als Meisinger, in die NSDAP ein). Ihm trat später der Mediziner Dr. Carl-Heinz Rodenberg, Facharzt für Psychiatrie und Neurologie, als wissenschaftlicher Leiter der „Reichszentrale" zur Seite. Jacob und Rodenberg, dies sei vorausgeschickt, blieben nach 1945 unbehelligt; ein Ermittlungsverfahren gegen Rodenberg wurde von den Staatsanwaltschaften Darmstadt und Berlin eingestellt.

„Hauptaufgabe der Reichszentrale war zweifellos die zentrale Registrierung und Erfassung Homosexueller" (so Jellonek).[18] Im Jahr 1939 hatte man laut Tätigkeitsbericht des Reichssicherheitshauptamtes bereits 33000 Personen erfaßt, davon 7800 „Jugendverführer" und 3800 Strichjungen, was – so der erwähnte Bericht – die „heute noch erhebliche Verbreitung dieser Seuche" bewiesen habe. Ein Jahr später war die Kartei auf 42000 registrierte Personen angewachsen; die Hälfte davon seien „Jugendverführer".

Neben die immer stärker ausgeweitete Erfassung trat jetzt auch die aktive Verfolgung. Noch im selben Jahr 1940 wies Heinrich Himmler als „Chef der deutschen Polizei" die Kriminalpolizei im Rahmen „vorbeugender Verbrechensbekämpfung" mit Datum vom 12. Juli an, „in Zukunft alle Homosexuellen, die mehr als einen Partner verführt

* Auch dem anderen in der Angelegenheit Fritsch ermittelnden Gestapo-Beamten, dem Kriminalinspektor Fritz Fehling, wurde schließlich von Himmler selbst die Kompetenz entzogen: Fehling sei „offenkundig sehr alt und pastoral geworden", so Himmler in einem Brief vom 23. Juni 1943, ja er sei „aus dem Ankläger gegen die Homosexualität zu ihrem Rechtsanwalt geworden".

haben, nach ihrer Entlassung aus dem Gefängnis in Vorbeugungshaft zu nehmen“ – was auf eine Dauerverwahrung im Konzentrationslager hinauslief. Diese Weisung, so eine ergänzende Mitteilung des Reichskriminalpolizeiamtes an alle nachgeordneten Dienststellen (23. September 1940), solle jedoch nicht für entmannte Homosexuelle gelten, „wenn nach ärztlicher Begutachtung der Geschlechtstrieb bereits vollkommen abgeklungen ist“ und ein Rückfall in „homosexuelle Verfehlungen“ daher nicht befürchtet werden müsse.

Dies leitet über zum Themenkomplex der medizinischen und pseudomedizinischen Homosexuellenverfolgung.

6. Medizinische Maßnahmen zur Verfolgung Homosexueller

Kriminalität und asoziales Verhalten galten nach einer weitverbreiteten Anschauung des ausgehenden 19. und des frühen 20. Jahrhunderts, die von den Nationalsozialisten nur noch verdichtet und verschärft wurde, als angeborene Persönlichkeitsmerkmale, die von Generation zu Generation weitervererbt werden konnten. Vom Standpunkt der „Volksgemeinschaft" waren derartige Merkmalsträger als „minderwertig" anzusehen; die Möglichkeiten, sie einer Therapie zuzuführen, waren – falls überhaupt vorhanden – höchst gering. Den „Volkskörper" von diesen unbrauchbaren oder gar schädlichen, jedenfalls unerwünschten Elementen zu befreien, galt als lohnendes Ziel[19] – diese „rassenhygienische" Aufgabe konnte durch Internierung, Sterilisation oder auch durch Beseitigung solcher „Gemeinschaftsschädlinge" gelöst werden. In „Ziel und Weg", dem Organ des Nationalsozialistischen Ärztebundes, faßte 1939 ein Dr. Kurt Hannemann das Programm des Führerstaates bündig zusammen:

„Ratten, Wanzen und Flöhe sind auch Naturerscheinungen, ebenso wie die Zigeuner und Juden. Sie sind daher gleichfalls gottgewollte Wesen, aber man kann sie ebensowenig durch rücksichtsvolle Behandlung bessern oder beim Zusammenleben von uns fernhalten wie entartete Asoziale und unnormal ichsüchtige, kriminell-hemmungslose Menschen. Alles Leben ist Kampf. Wir müssen deshalb alle diese Schädlinge biologisch allmählich ausmerzen."[20]

Solche und ähnliche Textstellen lassen sich in Hülle und Fülle finden. Schon deshalb wirkt höchst unglaubwürdig, was nach 1945 so überaus häufig zu hören war und gelegentlich auch heute noch zu hören ist: daß man nicht habe ahnen können, was nationalsozialistische Herrschaftspraxis wirklich bedeutet.

Das „Gesetz zur Verhütung erbkranken Nachwuchses" und der Entwurf des „Gemeinschaftsfremdengesetzes"

Ein Mittel dieser „Ausmerzung" war – neben der direkten und brutalen physischen Vernichtung, wie sie etwa im Rahmen der Euthanasieaktion „T 4" zum Tod von über 100000 Geisteskranken und Behinderten führte – die Sterilisation oder Kastration, ob nun erzwungen oder freiwillig. Ihr wurde noch nicht einmal sechs Monate nach der „Machtübernahme" durch den Nationalsozialismus mit dem „Gesetz zur Verhütung erbkranken Nachwuchses" (14. Juli 1933) der Boden bereitet. In der offiziellen Begründung dieses Gesetzes – herausgegeben von Arthur Gütt, Ernst Rüdin und Falk Ruttke – wurde es als hauptsächliches Ziel bezeichnet, „durch Erlaß eines Gesetzes zur Verhütung erbkranken Nachwuchses das biologisch minderwertige Erbgut auszuschalten. So soll die Unfruchtbarmachung eine allmähliche Reinigung des Volkskörpers und die Ausmerzung von krankhaften Erbanlagen bewirken. Da die Sterilisierung das einzig sichere Mittel ist, um die weitere Vererbung von Geisteskrankheiten und schweren Erbleiden zu verhüten, muß sie demnach als eine Tat der Nächstenliebe und Vorsorge für die kommende Generation angesehen werden. So ist das Gesetz zur Verhütung erbkranken Nachwuchses eine wahrhaft soziale Tat für die betroffenen erbkranken Familien.“[21]

Für 1934 sind 88525, für 1935 88193, für 1936 86254 Sterilisationsanträge gestellt worden – und nicht einmal ein Zehntel davon wurde abgelehnt. Ab 1937 sind exakte Ziffern nicht mehr verfügbar, doch dürften der nationalsozialistischen Sterilisationskampagne insgesamt mindestens 400000 Menschen zum Opfer gefallen sein.[22]

Von einer Sterilisation oder Kastration bei anderen Personengruppen, etwa Homosexuellen, war 1933 zunächst noch nicht die Rede – mit einer Ausnahme: Das „Gesetz gegen gefährliche Gewohnheitsverbrecher und Maßregeln der Sicherung und Besserung“ vom 24. November 1933 enthielt in § 42k die Möglichkeit der vom Gericht angeordneten Kastration eines Mannes von über 21 Jahren, sofern dieser als „gefährlicher Sittlichkeitsverbrecher“ eingestuft worden war.

Die rechtlichen Möglichkeiten, die mit diesen beiden Gesetzeswerken des Jahres 1933 neu geschaffen waren, standen freilich völlig zusammenhanglos nebeneinander – was offenbar zu etlichen Irritationen führte. Der Arzt Dr. Karl Ludwig Lechler, Gauamtsleiter Baden-Württemberg beim Rassepolitischen Amt der NSDAP, stellte im „Deutschen Ärzteblatt“ 1940 klar, warum: „Die Zeit war in den ersten Jahren nach der Machtergreifung für eine solche Verkoppelung in einem doppelten Sinne nicht reif“, schrieb Lechler. Zum einen sei die wissenschaftliche Forschung damals noch „zu wenig entwickelt“ gewesen (eine außerordentlich euphemistische Formulierung). „Zum zweiten wäre es – zumindest damals – für das gesunde Volksempfinden eine unerträgliche Belastung gewesen, wenn man Erbkranke und Asoziale in *einen* Topf geworfen hätte ... Darüber hinaus aber wäre es höchst verderblich gewesen, gemeinschaftsunfähige Menschen irgendwie als *krank* zu bezeichnen (zumal sie es nicht sind!)."[23]

Doch trotz dieser Rücksichtnahme auf die öffentliche Meinung – in der Tat stieß ja gerade die Euthanasieaktion „T 4" auf teilweise erheblichen Widerwillen und wurde 1941 aus nicht mehr restlos zu klärenden Gründen abgebrochen – wurde dennoch schon bald versucht, diese „soziale Tat", nämlich die „Ausmerze durch Sterilisation", auch bei „Asozialen" bzw. „Gemeinschaftsfeinden" in großem Stile, also über den Kreis der oben genannten „gefährlichen Sittlichkeitsverbrecher" hinaus, zur Anwendung zu bringen.

Immerhin hatte das „Gesetz zur Änderung des Gesetzes zur Verhütung erbkranken Nachwuchses" vom 26. Juni 1935 in den § 14 des ursprünglichen Gesetzestextes einen neuen Absatz 2 eingefügt, der jetzt auch die „kriminalpolitisch indizierte Kastration" Homosexueller erlaubte – allerdings nur mit Einwilligung der Betroffenen. Im ersten Entwurf eines nach Willen der NS-Führung neu zu schaffenden „Gemeinschaftsfremdengesetzes", der 1939 vorgelegt wurde, war von Freiwilligkeit allerdings nicht mehr die Rede. Dort hieß es lapidar:

„Gemeinschaftsfremde, bei denen auf Grund der ermittelten Tatsachen anzunehmen ist, daß sie für die Volksgemeinschaft unerwünschten Nachwuchs haben werden, können unfruchtbar gemacht werden."

Ziel des Reichskriminalpolizeiamtes und der ihr zugeordneten Reichszentrale zur Bekämpfung von Homosexualität und Abtreibung ist es dabei stets gewesen – ganz gewiß mit Rückendeckung durch Heydrich und Himmler –, auch die Homosexuellen möglichst umfassend in diese Zielgruppe einzugliedern. In einem Aktenvermerk des RKPA vom 25. Februar 1943 äußerten „die mit der Bekämpfung der Homosexuellen befaßten Beamten, insbesondere Kriminalrat Jacob, den Wunsch, daß die Entmannung in allen Fällen des § 175a zugelassen werde, aber auch für die Fälle des § 175 StGB. Die Erfahrung lehrte, daß die meisten Fälle durch Verführung einer Person zwischen 21 und 25 Jahren durch eine ältere Person entständen, hier müsse die Entmannung eingeschaltet werden."

Als einige Wochen später – am 6. Mai 1943 – Ministerialrat Otto Rietsch vom Reichsjustizministerium einen neuen Entwurf des Gemeinschaftsfremdengesetzes vorlegte, hatte der dortige § 8 den folgenden Wortlaut angenommen:

„Läßt jemand durch wiederholte Angriffe auf die Sittlichkeit sowie nach seiner Persönlichkeit einen Hang oder eine Neigung zu solchen Taten erkennen, so ordnet der Richter neben der Freiheitsstrafe die Entmannung des Sittlichkeitsverbrechers an, wenn die öffentliche Sittlichkeit es erfordert. Als Angriffe auf die Sittlichkeit können Anlaß zur Anordnung der Entmannung geben: Unzucht mit Kindern, Schändung, Nötigung zur Unzucht, Notzucht (§§ 176–178 StGB), Unzucht zwischen Männern (§§ 175, 174a StGB), ferner eine aus Geschlechtslust begangene Körperverletzung, Tierquälerei oder öffentlich vorgenommene unzüchtige Handlungen, soweit der Täter wegen einer solchen Straftat zur Freiheitsstrafe von mindestens 6 Monaten verurteilt wird. Der Richter kann die Entmannung selbständig anordnen, wenn der Täter zur Zeit einer der in Abs. 2 bezeichneten Taten nicht zurechnungsfähig war. Von der Anordnung der Entmannung ist abzusehen, wenn der Täter zur Zeit der Tat das 21. Lebensjahr noch nicht vollendet hat."

Das geplante „Gesetz über die Behandlung Gemeinschaftsfremder", das an die Stelle des unübersichtlichen Verordnungskonvolutes zur „vorbeugenden Verbrechensbekämpfung" vom Dezember 1937 (einer Sammlung verschiedenster, meist geheimer Erlasse) hätte treten sollen, konnte allerdings nicht mehr verwirklicht werden.* Auch hier konterkarierte der Krieg die weitgesteckten Ziele, die offenbar in der Absicht formuliert worden waren, immer größere Teile der Bevölkerung mit immer umfassenderen Kriterienkatalogen aus der „Volksgemeinschaft" auszugrenzen und in der Konsequenz als „Gemeinschaftsfremde" mit rabiaten Methoden „unschädlich" zu machen.** Im

* Es existiert ein letzter, noch weiter verschärfter Entwurf vom Januar 1944, dem – so das Justizministerium – alle Ressorts vorläufig zugestimmt hatten. Der zentrale „Entmannungsparagraph" – oben als § 8 des Entwurfes von 1943 zitiert – erhielt demzufolge, als § 10, in seinem Kern den folgenden Wortlaut:

„(1) Läßt ein Mann durch wiederholte Angriffe auf die Sittlichkeit sowie nach seiner Persönlichkeit einen Hang oder eine Neigung zu solchen Taten erkennen, so ordnet der Richter neben der Strafe oder der Überweisung an die Polizei die Entmannung des Sittlichkeitsverbrechers an, wenn die öffentliche Sicherheit es erfordert.

(2) Als Angriffe auf die Sittlichkeit können Anlaß zur Anordnung der Entmannung geben: Nötigung zur Unzucht, Schändung, Unzucht mit Kindern, Unzucht zwischen Männern, öffentlich vorgenommene unzüchtige Handlung, ferner aus Geschlechtslust begangene Tötung, Körperverletzung oder Tierquälerei sowie Vollrausch, wenn in diesem Zustand eine solche Tat begangen worden ist."

** Wie umfassend diese Ziele gewesen sind und was den Deutschen, vor allem aber den von ihnen unterworfenen Völkern durch die Niederlage Hitlerdeutschlands erspart geblieben ist, mag schlaglichtartig deutlich werden, wenn wir lesen, daß für den oben zitierten Arzt Dr. Lechler als asozial galt:

„1. Wer infolge verbrecherischer, staatsfeindlicher und querulatorischer Neigungen fortgesetzt mit den Strafgesetzen, der Polizei und den Behörden in Konflikt gerät.
2. Wer arbeitsscheu ist (wer trotz Arbeitsfähigkeit schmarotzend von den sozialen Einrichtungen lebt, vagiert, betrügerisch hausiert oder ein unsittliches Gewerbe betreibt).
3. Wer geschlechtlich ausschweifend und hemmungslos, trunk- und verschwendungssüchtig ist.
4. Wer infolge Unwirtschaftlichkeit, Pflichtvergessenheit, bösartiger Gesinnung und erzieherischen Unvermögens nicht fähig ist, ein geordnetes Familienleben aufzubauen."

August 1944 ordnete der Reichsjustizminister an, wegen des „totalen Kriegseinsatzes" die Arbeit am Gemeinschaftsfremdengesetz einzustellen. „Die Wahnidee einer per Lagerhaft und Rassenhygiene kriminalitätsfreien Gesellschaft hatte im Todeskampf des Nationalsozialismus keinen Raum mehr, selbst die Gemeinschaftsfremden wurden als Kanonenfutter noch gebraucht."[24] Auch etliche der dort inhaftierten, noch nicht ermordeten Homosexuellen wurden kurz vor Kriegsende aus den Konzentrationslagern entlassen und zum Frontdienst bei der Wehrmacht eingezogen (exakte Zahlen zu dieser Vorgehensweise sich lassen sich heute allerdings nicht mehr ermitteln).

Nationalsozialistische Kastrationspraxis

Ihrer besonderen Diskriminierung entsprechend, kam – wie gesehen – bei Homosexuellen meist nicht die Sterilisation, sondern die medizinisch sehr viel folgenschwerere Kastration zur Anwendung, die „Entmannung", wie sie von den Nationalsozialisten gerne genannt wurde, gewiß wegen der vielfältigen Assoziationen, die bei diesem (biologisch nicht zutreffenden) Begriff eine Rolle spielen. Nicht um die Verhütung von Nachkommenschaft ging es dabei in erster Linie, sondern um das „Erlöschen" des Geschlechtstriebes, also um die „Unschädlichmachung" des Homosexuellen selbst.

Mochten die juristischen Grundlagen auch längst noch nicht derart gefestigt gewesen sein, wie viele Nationalsozialisten in ihrer Ordnungs- und Regelungswut das gerne gesehen hätten: Die „biologische Ausmerze" wurde jedenfalls auch nicht selten bei Homosexuellen versucht – wenn auch bei weitem nicht mit der selben Aggressivität und Erbarmungslosigkeit wie im Falle etwa von Juden und „Zigeunern". Es gab genügend Mediziner, die sich bereitwillig, ja begeistert dazu bereitfanden, Homosexuelle zu „behandeln" – zum Nutzen der Volksgemeinschaft, nicht etwa im Interesse des „Patienten". Diese sehr weitgehende Bereitwilligkeit des Ärztestandes brachte der Mediziner Professor Dr. Karl Astel, Präsident des Thüringischen Landesamtes für Rassewesen und Rektor der Universität Jena, 1938 deutlich zum Ausdruck, als er die im neuen Staat gängigen rassenhygienischen Maßnahmen inklusive der Haft im Konzentrationslager rühmte: „Wer je diese Konzentration von Schwerverbrechern, Arbeitsscheuen, hochgradig Asozialen, Landes- und Volksverrätern, gemeingefährlichen Psychopathen, kriminellen Juden und dergleichen mit eigenen Augen gesehen hat, wird nur den einen Wunsch haben, daß dieses erblich schwerst defekte Gesindel niemals mehr in die Freiheit gelangt."[25]

Inhaftierung und Unfruchtbarmachung gingen oft genug Hand in Hand. Wegen des „wenig entwickelten" Forschungsstandes war zwar nicht auszuschließen, daß sich an die operative Kastration schwere Neben- und Nachwirkungen anschließen könnten – aber, so stellte das Justizministerium fest, ein offensichtlich nicht geringer Prozentsatz von „Störungen des Wohlbefindens und der Gesundheit von kürzerer oder längerer Dauer" sei, wie „unter Umständen auch gewisse Gesundheitsstörungen", durchaus in Kauf zu nehmen „in Anbetracht des hohen Zieles (Schutz der Gemeinschaft und ihre Befreiung von den gefährlichen Feinden, den Sittlichkeitsverbrechern)".

Zwei auf diesem Feld besonders aktive Mediziner unter den vielen, die sich dem „völkischen Staat" mit Enthusiasmus zu Verfügung stellten,[26] waren der Zwickauer Ministerialrat Dr. med. Gustav Boeters sowie der bereits erwähnte Dr. med. Carl-Heinz Rodenberg, der an der Seite des Kriminalisten Jacob zum wissenschaftlichen Leiter der „Reichszentrale zur Bekämpfung von Homosexualität und Abtreibung“ avanciert war.

Boeters hatte schon 1924 im „Ärztlichen Vereinsblatt“ – dem Vorläufer des späteren „Deutschen Ärzteblattes“ – ohne Umschweife zugegeben, daß er in seinem Bezirk immer wieder operative Sterilisationen anordne, die von Professor Braun, dem damaligen Vorsitzenden der „Deutschen Gesellschaft für Chirurgie“, ausgeführt würden – in einem Aufruf an alle Leser des „Vereinsblattes“ forderte er dazu auf, alle Kinder, die „als unfähig erkannt worden sind, an dem normalen Volksschulunterricht mit Erfolg teilzunehmen“, unfruchtbar zu machen, desgleichen erwachsene Blödsinnige, Geisteskranke und Sittlichkeitverbrecher. Zehn Jahre später, 1934, rühmte sich Boeters in der „Monatsschrift für Kriminalpsychologie und Strafrechtsreform, schon vor dem Inkrafttreten der neuen Gesetze im NS-Staat des Jahres 1933 („Gesetz zur Verhütung erbkranken Nachwuchses“ und „Gesetz gegen gefährliche Gewohnheitsverbrecher“) bei rund sechzig Sittlichkeitsverbrechern „im Laufe der Jahre“ den nach dem Buchstaben des damaligen Gesetzbuches immer noch verbotenen Eingriff der Kastration bereits durchgeführt zu haben. 1939 gab Boeters ein medizinisches „Standardwerk“, das „Handbuch der Erbbiologie“, heraus.

Sein Kollege Carl-Heinz Rodenberg hingegen trat zunächst vor allem dadurch hervor, daß er 1941 in einem Aufsatz in der Zeitschrift „Deutsche Justiz“ forderte, die gemäß den Bestimmungen des „Gesetzes zur Verhütung erbkranken Nachwuchses“ wie auch des „Gesetzes gegen gefährliche Gewohnheitsverbrecher“ kastrierten Männer, soweit sie sich wieder in Freiheit befanden, auch zwangsweise zu einer ärztlichen Nachuntersuchung einzubestellen – eine Anregung, für die Anordnungen des Reichsinnenministers (1941) bzw. des Reichssicherheitshauptamtes (1942) die nötigen Grundlagen schufen. Da aber auch auf diesem Wege offensichtlich die von Rodenberg gewünschten Datenmengen nicht gesammelt werden konnten, verlangte der unermüdliche Mediziner in derselben Zeitschrift schon wenig später (1942) eine „Zentralisierung der Kastrationsuntersuchungen" bei einer neu zu schaffenden Zentralbehörde. Immerhin belief sich die Zahl der gemäß § 42k des Gewohnheitsverbrechergesetzes zwangsweise kastrierten Männer Ende 1940 – das heißt nach rund sieben Jahren – bereits auf über 2000; daß es sich bei ihnen sämtlich um „gefährliche Sittlichkeitsverbrecher" gehandelt haben soll, darf mit Fug und Recht bezweifelt werden. Über die Zahl der ab Juli 1935 gemäß der erweiterten Fassung von § 14 des „Gesetzes zur Verhütung erbkranken Nachwuchses", die jetzt dafür die Handhabe bot, „freiwillig" kastrierten homosexuellen Männer ist leider so gut wie nichts bekannt – außer daß es sich bis Ende des Jahres 1935 um lediglich 87 Fälle dieser Art handelte, wie das Reichsgesundheitsamt mit Enttäuschung registrierte. Für die Zeit ab 1936 gibt es keinen Anhalt für eine genaue Abschätzung der Fallzahl mehr – und erst recht nicht für die vermutlich nicht geringe Ziffer der „wilden", das heißt ohne jede Rechtsgrundlage vorgenommenen Kastrationen nach Art des Dr. Boeters.

Eine besonders düstere Groteske innerhalb der nationalsozialistischen Versuche, das Erzübel der Homosexualität „medizinisch" auszurotten, bilden die Experimente des dänischen Arztes, SS-Sturmbannführers und Hormonforschers Dr. med. Carl Vaernet. Dieser Mediziner hatte sich anheischig gemacht, Homosexuelle mit einer „künstlichen Drüse" kurieren zu können, und er gewann den Reichsarzt SS und geschäftsführenden Direktor des Deutschen Roten

Kreuzes, Prof. Dr. Ernst Robert Grawitz,[27] für seine Pläne, so daß über dieses Forschungsprojekt im Sommer 1943 ein förmlicher Vertrag abgeschlossen wurde. Im Konzentrationslager Buchenwald implantierte Vaernet ab Juli 1944 – nachdem in Prag eigens ein Forschungsinstitut gegründet worden war, um das Projekt zu unterstützen – homosexuellen Häftlingen synthetische männliche Sexualhormone in die Leistengegend – insgesamt 15 Häftlinge wurden mit diesen Menschenversuchen gepeinigt, zwei von ihnen starben.[28]

Zwei Schicksalswege

Welche schreckliche Odyssee als Schicksalsweg über einen in das Mahlwerk der Behörden geratenen homosexuellen Mann verhängt war, hat Jellonek an einem „Fall" deutlich gemacht, der ihm bei seiner akribischen Untersuchung der Würzburger Gestapo-Akten besonders ins Auge fiel[29]: Ein Drogist aus der mainfränkischen Bischofsstadt, der offenbar schon 1934 denunziert worden war, aber damals der Verhaftung entgehen konnte, war zwei Jahre später, 1936, wegen insgesamt 15 Vergehen gegen die Paragraphen 175 und 175a zu einer fünfjährigen Zuchthausstrafe verurteilt worden, die am 8. Mai 1941 ihr Ende fand. Die Schweinfurter Polizei forderte nun von der ihr übergeordneten Würzburger Dienststelle, der 31jährige solle jetzt in polizeiliche Vorbeugehaft genommen werden, da damit zu rechnen sei, daß er rasch in sein „altes Laster" zurückfallen werde – er sei ein „Jugendverderber schlimmster Art", der vor seiner Inhaftierung „eine ganze Reihe junger unverdorbener Burschen" zur widernatürlichen Unzucht verleitet habe. Obschon die Würzburger Polizei sofort – und noch vor der Haftentlassung des Drogisten – bei der Leitung der Amberger Haftanstalt interveniert hatte, wurde der Mann „versehentlich“ aus dem Zuchthaus entlassen, aber am 10. Juni 1941 erneut aufgegriffen und in polizeiliche Vorbeugehaft genommen, weil er – so die Würzburger Gestapo – eine „große Gefahr für die Allgemeinheit, in Sonderheit für die Jugend darstelle“. Das mittlerweile eingeschaltete Reichskriminalpolizeiamt ordnete am 1. Juli 1940 an, den Mann ins Konzentrationslager Flossenbürg einzuweisen. Dort ließ sich der Unglückliche am 22. November 1941 „freiwillig“ entmannen. Sieben Monate später, am 22. Juni 1942, wurde er aus dem Lager entlassen, doch das RKPA ordnete an, der Drogist müsse auch künftig polizeilich überwacht werden. Einmal in der Woche mußte er sich bei der Polizei melden und hatte für Wechsel der Wohnung und des Aufenthaltsortes um eine Erlaubnis der Behörden nachzufragen. Auch war ihm verboten, stadtbekannte Homosexuellentreffpunkte (die es mithin offensichtlich noch gab) wie das Gasthaus „Mühltor“ oder das „Central-Kino“ zu besuchen. Die Meldepflicht wurde schließlich im April 1944 aufgehoben, nachdem sich der nunmehr 34jährige Mann als Helfer bei mehreren Luftangriffen durch – so die Polizeiakten – „tatkräftigen und selbstlosen Einsatz“ ausgezeichnet hatte. Über sein weiteres Schicksal ist nichts bekannt.

Diesem Mann ist durch die Verfolgungswut des totalitären Staates Schreckliches widerfahren. Doch er konnte, an Leib und Seele geschädigt, überleben – einem jüdischen Mitbürger wäre dies wohl kaum gelungen. Dies macht der Fall eines homosexuellen Leidensgenossen deutlich. Es handelte sich um einen jüdischen Weinhändler, in dessen Banksafe der Amtsleiter der Würzburger Gestapo, Kriminalinspektor Josef Gerum, im Oktober 1934 auf der Suche nach Indizien für die zunächst vermutete Spionage eine große Sammlung männlicher Aktfotografien fand. Gerum suchte wenig später um die Genehmigung nach, „diesen Burschen“ ins KZ Dachau abschieben zu dürfen, wo dafür gesorgt werden solle, daß er bald „erledigt“ werden könne. Der eloquente, als 1918 promovierter Doktor der Staatswissenschaften auch juristisch ausgebildete Häftling fertigte ein sechzehnseitiges Dossier über seine schwere Folterung in den Räumen der Würzburger Gestapo an. Nach Dachau verbracht, wurde er dort nach neunmonatiger Haft am 1. Oktober 1935 entlassen und als Untersuchungshäftling ins Amtsgerichtsgefängnis Ochsenhausen überstellt. Doch der Würzburger Gestapo-Chef Gerum hielt es für zu gefährlich, den Mann dort auf die anstehende Gerichtsverhandlung warten zu lassen – und der Weinhändler wurde zwei Wochen später abermals nach Dachau transportiert. Noch aus dem KZ protestierte er bei der Frankfurter Universität gegen die Aberkennung seines Doktorgrades. Mittlerweile (1936) zu einer Zuchthausstrafe von zehn Jahren Haft verurteilt, wurde er in das Konzentrationslager Mauthausen gebracht, wo er am 22. Februar 1943 ums Leben kam – nach einer Leidenszeit von achteinhalb Jahren, die für ihn, den als homosexuellen Juden doppelt Ausgegrenzten, nur mit der physischen Vernichtung enden konnte.

Mit diesen beiden schrecklichen, aber dennoch höchst unterschiedlich akzentuierten Fallgeschichten wäre bereits die Frage nach einer umfassenden Bewertung der nationalsozialistischen Homosexuellenverfolgung aufgeworfen. Sie soll im übernächsten Kapitel beantwortet werden.

Zunächst aber ist es nötig, noch kurz die Situation der in die Konzentrationslager verschleppten Homosexuellen zu beleuchten, denen in der historischen Forschung meist nur wenig Aufmerksamkeit zuteil wird.

7. Homosexuelle im Konzentrationslager

In den Konzentrationslagern, deren weitverzweigtes System wie ein Netz das nationalsozialistische Imperium überzog, stellten homosexuelle Häftlinge nur eine winzige Minderheit dar: Ihre Zahl dürfte zwischen 5000 und 15000 gelegen haben. Die Gesamtzahl der KZ-Häftlinge war enorm: Wolfgang Sofsky hat für jene zehn Konzentrationslager, von denen einigermaßen gesicherte Zahlen vorliegen, 1650000 Zugänge ermittelt;[30] von diesen Häftlingen kamen rund 1,1 Millionen Menschen ums Leben. Hinzu addieren sich noch einmal über drei Millionen Menschen, die in fünf eigens dazu errichteten Vernichtungslagern (Auschwitz-Birkenau, Belzec, Chelmno, Sobibor und Treblinka) direkt in den Tod geschickt wurden.[31]

Diese Schreckenszahlen markieren kaum noch faßliche Dimensionen jener „Ordnung des Terrors", für das der Begriff „Konzentrationslager" prototypisch steht.

Über die Schicksale der einzelnen Lagerinsassen sagen solche Quantitäten freilich wenig aus. Was die homosexuellen Häftlinge betrifft, die an einem auf die Anstaltskleidung aufgenähten rosa Winkel kenntlich waren (warum dieses Zeichen, warum die Farbe Rosa hier Verwendung fand, ist völlig ungeklärt), so gilt, daß sie in der „Lagerhierarchie" den untersten Platz, die Stellung Omega, einzunehmen hatten – sie standen, so Wolfgang Sofsky, am „Ende der Abweichungsskala": „Für sie hatte die Lagermacht nur Spott, Verachtung und Tod."[32]

In der Tat war die Todesrate der stets in besonderen

Gruppen zusammengefaßten homosexuellen Lagerhäftlinge – im KZ Lichtenberg bildeten sie die „2. Kompanie", im KZ Dachau die „5. Korporalschaft der 1. Kompanie" (bei insgesamt 10 Kompanien, was wiederum die Zahlenverhältnisse deutlich macht)[33] – besonders hoch. Dennoch findet dieses traurige Schicksal in der Fachliteratur kaum Widerhall. In dem umfänglichen Buch „System der NS-Konzentrationslager 1933 bis 1939" von Klaus Drobisch und Günther Wieland, 1993 erschienen und 371 engbedruckte Seiten stark, findet manches Detail ausführlich Erwähnung, das Schicksal der Homosexuellen jedoch mit keinem einzigen Satz. Und auch Wolfgang Sofsky, dessen Monographie über „Die Ordnung des Terrors" bald nach dem Erscheinen im Jahr 1993 mit einem Preis geehrt wurde, beschränkt sich auf die beiden oben zitierten Hinweise, das heißt auf insgesamt etwa vier Zeilen in einem Buch von 390 Seiten. So wirkt eine bestimmte Form von Diskriminierung, wie es scheint, bis heute unterschwellig fort ...

Es gibt allerdings auch Ausnahmen. Als das Konzentrationslager Buchenwald am 11. April 1945 von der US Army befreit wurde, traf auch der jüdische US-Offizier Albert Rosenberg ein, dessen Aufgabe es war, einen Bericht über dieses Lager abzufassen. Er stützte sich dabei auf eine Gruppe Überlebender, in der der Österreicher Dr. Eugen Kogon federführend war. Der Bericht wurde ergänzt durch Einzelschilderungen, die von 120 Häftlingen verfaßt worden sind. Dieser Report war jahrelang verschwunden und wurde dann von dem amerikanischen Historiker David Hackett neu herausgegeben. Für dieses erschütternden Dokument verfaßte Ferdinand Römhild, ehemals Häftling Nr. 1243, ein 1903 in Frankfurt a.M. geborener Schriftsteller, eine Passage „Die Situation der Homosexuellen im Konzentrationslager Buchenwald", die ich hier – gerade wegen der Seltenheit solcher Schilderungen – im vollständigen Wortlaut wiedergeben möchte:[34]

„Die in der Geschichte oft erprobte und auf kurze Sicht auch erfolgreiche Methode, in kritischen Zeiten innere Spannungen durch Unterdrückung politisch ohnmächtiger Minderheiten abzulenken, wurde von dem nationalsozialistischen System in einer ähnlichen Art angewandt, wie Kriminelle sich eines Tricks, mit dem sie einmal Erfolg hatten, immer wieder bedienen. Am fürchterlichsten kam dies zweifellos in der ‚Lösung der Judenfrage' zum Ausdruck. In kleinerem und die Öffentlichkeit weniger berührendem Maße ging man aber genauso barbarisch und zweckbewußt gegen die Homosexuellen vor.

Es war in diesem Falle noch leichter, bestehende und verständliche Vorurteile auszunutzen. Schon das Herausziehen dieser Menschen aus ihrer durch die gesellschaftliche Verfemung bedingten Tarnung bedeutete eine Diffamierung, wieviel mehr noch die sichtbare Brandmarkung als besonders Gezeichnete in den Konzentrationslagern, wo sie das gegebene Objekt zur Ausbeutung, Beleidigung und Mißhandlung waren.

Die sehr verschiedenrangige Zusammensetzung dieser Kategorie, in der sich neben wertvollen Menschen eine große Menge ausgesprochen krimineller Erpresserexistenzen befanden, machte ihre Lage noch schwieriger. Sich durch persönliche Beziehungen oft zweifelhafter Art Erleichterungen zu verschaffen war nur den durch Bedenken weniger Gehemmten unter ihnen gegeben, die wertvolleren dagegen gingen fast alle zugrunde.

Auf Grund der allgemeinen Einstellung war es der Gestapo natürlich ein leichtes, Politische, denen nicht anders beizukommen war – z.B. auch katholische Geistliche –, mit diesem Brandmal zu versehen und unmöglich zu machen. Wie es bei den als Juden im KL bezeichneten Häftlingen sehr oft vorkam, daß ein jüdischer Großelternteil genügte, einen vom Gesetz als Mischling 2. Grades anerkannten Menschen zum Volljuden zu stempeln und ihn so allen Gefahren auszusetzen, so genügte schon der Verdacht der Homosexualität, einen Gefangenen im Lager als Homosexuellen zu deklarieren und so der Verunglimpfung, dem allgemeinen Mißtrauen und der größten Lebensgefahr preiszugeben.

Bemerkt muß werden, daß bei den im Lager bekannt gewordenen Fällen von Homosexualität die als homosexuell Erklärten aus begreiflichen Gründen eine verhältnismäßig geringe Rolle spielten. Die Tatsache, daß sie bei dem kleinsten derartigen Vergehen mit einer gefährlichen Verschärfung zu rechnen hatten, zwang sie zur Zurückhaltung, außerdem kamen sie als offen Gezeichnete nicht in Frage für Verhältnisse, die noch viel mehr als außerhalb des Lagers der Tarnung bedurften, da eine Entdeckung zeitweise den sicheren Tod bedeutete. Ein weiterer Grund war auch ihre Isolierung in einem mit Stacheldraht umzäunten Block und in geschlossenem Arbeitskommando. Jedoch bot gerade diese Isolierung gewissenlosen Kreaturen, die über sie eine Macht ausüben konnten, die Gelegenheit zu schamloser Erpressung, Mißhandlung und Vergewaltigung.

Bis zum Herbst 1938 waren die Homosexuellen auf die politischen Blocks aufgeteilt, wo sie ein ziemlich unbeachtetes Leben führten. Im Oktober 1938 kamen sie geschlossen in die Strafkompanie und mußten im Steinbruch arbeiten, während ihnen vorher alle anderen Kommandos offenstanden. Während bis auf wenige aktenmäßig Zugeteilte jeder Angehörige der Strafkompanie die Aussicht hatte, nach einer gewissen Zeit in einen normalen Block verlegt und dadurch in bedeutend bessere Lebens- und Arbeitsbedingungen versetzt zu werden, bestand für die Homosexuellen diese Möglichkeit nie. Sie waren somit gerade in den schwersten Jahren die niedrigste Kaste des Lagers. Bei Transporten in ausgesprochene Vernichtungslager wie Mauthausen, Natzweiler und Groß-Rosen stellten sie im Verhältnis zu ihrer Anzahl den höchsten Prozentsatz, da das Lager immer die verständliche Tendenz hatte, weniger wichtige und wertvolle oder als nicht wertvoll angesehene Teile abzuschieben. Zwar brachte der verstärkte Arbeitseinsatz in der Kriegsindustrie auch dieser Häftlingsart eine Erleichterung, da der Mangel an Arbeitskräften zwang, auch aus den Reihen dieser Menschen Fachkräfte heranzuziehen, aber noch im Januar 1944 kamen die Homosexuellen bis auf ganz wenige Ausnahmen in das Mordlager ‚Dora', wo viele von ihnen den Tod fanden.

Einige markante Schicksale von Homosexuellen im KL Buchenwald mögen einen gewissen Einblick in die Verhältnisse gewähren.

L. Adloff, Bibliothekar an der Staatsbibliothek in Berlin, Mitarbeiter der linksgerichteten Zeitschrift ‚Die Weltbühne', wurde im Jahre 1938 als politisch verdächtig verhaftet, außerdem stand er unter dem Verdacht der Homosexualität. Im Sommer 1938 wurde er als Politischer in das KL Buchenwald eingeliefert. Als im Oktober 1938 alle Homosexuellen und auch die, welche unter Verdacht standen, in die Strafkompanie kamen, wurde er mit dem Zeichen der Homosexuellen, einem rosa Winkel, versehen und mußte im Steinbruch arbeiten. Im Januar 1939 kam er in das KL Mauthausen, wo fürchterliche Zustände herrschten, erlitt im dortigen Steinbruch eine Beinverletzung, die sich zu einer riesigen Phlegmone entwickelte, und wurde noch im gleichen Jahr als Invalide nach dem KL Dachau abgeschoben. Nach schweren Mißhandlungen durch den Dachauer

Revierkapo, den sogenannten ‚Heiden-Sepp', kam er im Jahre 1940 als Invalide nach KL Buchenwald, ging von hier wieder als Invalide zurück nach Dachau, um dann im Herbst 1941 wieder nach Buchenwald zu kommen, um hier endgültig zu bleiben und zu sterben. Diese dauernden Verschiebungen abgewrackter Menschen hatten das Ergebnis, daß sie bei jeder Überstellung in andere Verhältnisse wie die Fliegen wegstarben. Von Dachau brachte er 1941 eine Strafe für irgendein nichtiges Vorkommnis mit und erhielt in Buchenwald, trotzdem er in Dachau schon bestraft worden war, noch zweimal 25 Peitschenhiebe und einige Wochen Arrest. Der Bunker war damals eine absolut tödliche Angelegenheit; er war im Block schon längst als tot abgeschrieben worden, seine Rückkehr war das reine Wunder. Inzwischen hatte sich die Phlegmone am Bein, die nie ausgeheilt war, derart entwickelt, daß eine schwere Schädigung des Herzens entstand. Da er von Natur ein kräftiger Mensch war und über eine enorme Willenskraft verfügte, schleppte er sich noch monatelang dahin, bis im April 1943 eine hinzutretende Rippenfellentzündung seinem Leben ein Ende bereitete.

Ein Berliner Schriftsteller Dähnke kam im Frühjahr 1942 als Homosexueller in das Lager. Der Hauptgrund seiner Einlieferung waren aber politische Äußerungen, durch die er die Aufmerksamkeit der Gestapo auf sich gezogen hatte. Nachdem er einige Monate im Steinbruch gearbeitet hatte, wurde er eines Morgens von einem Stubendienst in das Revier gebracht und dem Lagerarzt als Tbc-Kranker vorgestellt. Tatsächlich litt er unter Brustbeschwerden. Der Lagerarzt wollte ihn zunächst in die Tbc-Abteilung zur Behandlung aufnehmen, als aber D. in Unkenntnis der Lager davon sprach, er sei eigentlich aus politischen Gründen hier, wurde der Arzt aufmerksam, merkte, daß er einen Homosexuellen vor sich hatte, und ließ ihn in den Saal aufnehmen, der für Todeskandidaten reserviert war. Zwei Tage später erhielt er die tödliche Spritze.

H. D., kaufmännischer Angestellter, geboren 1915, wurde am 20. 4. 1938 wegen illegaler Ausreise nach Prag verhaftet. Er hatte versucht, sich in Prag mit dem russischen Konsulat in Verbindung zu setzen, um aus Deutschland wegzukommen; die Gestapo vermutete in ihm einen illegalen kommunistischen Kurier. Gleichzeitig verhaftete man seinen Freund, mit dem er in vertrautem Verkehr gestanden hatte, und preßte diesen zu Geständnissen. Die Anklage wegen Hochverrats mußte fallengelassen werden, da man D. nichts nachweisen konnte und nichts aus ihm herausbrachte. So erhielt er nur wegen widernatürlicher Unzucht 3 1/2 Jahre Zuchthaus. Im November 1941 kam er nach verbüßter Strafe nach Buchenwald.

Der erste Eindruck, den er hatte, waren die Leichen verschiedener Verstorbener der Strafkompanie, die man wie Mehlsäcke vor die Tür warf. Außerdem hatte sich an dem gleichen Abend ein junger Homosexueller erhängt, alles aß ruhig weiter, kein Mensch kehrte sich daran. Noch am gleichen Abend klärte ihn ein schon längere Zeit Einsitzender auf, er müsse im Steinbruch arbeiten, der Kapo sei ein fürchterlicher Mensch, vor allem Leute mit § 176 (Verkehr mit Minderjährigen) seien absolut verloren, er solle vorsichtig sein, es habe aber auch keinen Zweck, etwas zu verschweigen. Nach einer qualvollen schlaflosen Nacht beschloß D., allen Eventualitäten zuvorzukommen, sprach den Kapo an, es sei ihm das und das erzählt worden, er wolle sich nicht aufhängen und bäte ihn um Rat, was er machen solle. Er erreichte damit das pure Gegenteil von dem, was er hatte erreichen wollen. Der Kapo namens Herzog war ein früherer Fremdenlegionär, äußerst brutal, anscheinend homosexuell sadistisch und hatte eine unheimliche Neigung zu Blutrausch; wenn ein Mann von ihm blutig geschlagen wurde, war er verloren. Herzog wollte mit aller Gewalt wissen, wer ihm das erzählt habe, und bedrohte ihn schwer. Da D. aber merkte, daß sein Leidensgenosse dann verloren gewesen wäre, gab er den Namen seines Warners nicht preis. Am anderen Tag kam er im Steinbruch an die Lore, eine anstrengende und gefährliche Arbeit. Wer nicht mehr konnte, wurde kurzerhand in die Lore geworfen und auf einem Steinhaufen herausgekippt. Entweder trat sie Herzog gleich tot, oder er goß ihnen so lange Wasser in den Hals, bis sie erstickten. Erholte sich einer bei der Prozedur, galt er als Simulant und wurde aus diesem Grund von Herzog zusammengetreten. Trotzdem D. jung und kräftig war, strengte ihn die Arbeit so an, daß ihn nur der Arbeitsschluß vor dem Zusammenbrechen rettete. Am anderen Morgen nahm ihn der Freund, der ihn gewarnt hatte, aus Dankbarkeit für sein Schweigen in einen anderen Teil des Steinbruchs mit, wo die Arbeit etwas leichter war und wo er für die nächsten Wochen aus dem Blickfeld des Kapos gerückt war. Nach etwa 3 Wochen erinnerte sich jedoch Herzog seiner wieder, forderte von ihm erneut den Namen und stellte ihm ein Ultimatum: Zu einer bestimmten Stunde wolle er ihn über die Kette der wachhabenden Posten jagen. D. wußte, daß dies blutiger Ernst war, und war auf alles gefaßt. Seine Rettung war das reine Wunder, eine Stunde vor der festgesetzten Zeit wurde Herzog zum Tor gerufen und ganz unvermutet aus dem Lager entlassen. (Es wurde später im Lager erzählt, er sei in seiner Heimat erstochen worden.)

Am 4. 1. 42 kam D. in die Fleckfieberversuchsstation, wo junge Homosexuelle mit Vorliebe als Versuchstiere verwandt wurden. Er überstand die Krankheit gut, hatte allerdings in der Folge an Herzbeschwerden zu leiden. Am 15. 7. 42 kam er aus der Station wieder heraus mit der Bestimmung, im Steinbruch leichte Arbeit zu leisten, im Block waren inzwischen wüste Verhältnisse eingerissen, durch die Abgeschlossenheit vom anderen Lager begünstigt und von der SS eher unterstützt als kontrolliert, terrorisierten einige Banditen die Belegschaft aufs äußerste, bestahlen die Leute um die Pakete, die sie ab Winter 1941 auch erhalten durften, und feierten wahre Orgien an Roheit und schamlosestem Sadismus. Sexueller Mißbrauch und grausamster Totschlag waren an der Tagesordnung. Der immer noch tobende Kampf zwischen den Politischen und den Grünen, die sich der Herrschaft bemächtigen wollten, band den Roten vorläufig noch die Hände. Und erst nach Monaten gelang es, den Augiasstall auszumisten, was dadurch erleichtert wurde, daß sich die Burschen zum Teil gegenseitig ins Jenseits beförderten. Ein Ereignis, das D. schildert, beleuchtet die Verhältnisse. Die Strafkompanie durfte nicht rauchen. Die Leute in der Fleckfieberstation hatten aber Einkauf wie alle anderen, also auch Einkauf von Rauchwaren. Da sie in der Fleckfieberstation auch nicht hatten rauchen dürfen, besaß natürlich jeder einen kleinen Vorrat an Tabak und Zigaretten. Das erste, was der Blockälteste, ein früherer SS-Mann, tat, war, daß er die Zurückkehrenden aufforderte, ihre Rauchwaren an ihn abzuliefern. Als sie einen Augenblick zögerten, griff er sich einen heraus, zog ihn über einen Tisch und zählte ihm 25 auf, worauf Tabak und Zigaretten sehr schnell in seine Tasche wanderten.

Die Methoden der Liquidierung hatten sich inzwischen etwas geändert. Bis Anfang 1942 war zweifellos in der Politischen Abteilung eine Sortierung der Neuzugänge vorgenommen worden. Die Leute, vor allem Homosexuelle mit § 176, wurden wenige Tage nach ihrer Ankunft zum Tor bestellt und wanderten in den Bunker. Einige Tage später kam die Todesmeldung. Seit Frühjahr 1942 hörten die Morde im Bunker auf. Dafür bediente sich der 2. Lagerführer Gust des nunmehrigen willfährigen Steinbruchskapos Müller, allgemein genannt der ‚Waldmüller', besuchte ihn fast täglich, gab ihm die Hand, regalierte ihn mit Zigaretten und gab ihm zweifellos Anweisungen. Die Zahl der ‚auf der Flucht Erschossenen' war während des Sommers 1942 erschreckend. Pro forma sah man sich genötigt, vertrauenswürdige Häftlinge des Steinbruchs als Posten aufzustellen, um die Leute zurückzuhalten. D., der sich durch seine menschlichen Qualitäten von anderen abhob, wurde mit zum Posten bestimmt und erlebte hierbei greuliche Szenen.

Müller war ein Mensch, der durch seine Machtposition völlig verdorben worden war, und hatte sich, ein haltloser Charakter, der er war, zum schamlosesten Sadisten entwikkelt. Er entging bei der späteren, bereits erwähnten Säuberung der Strafkompanie gerade noch seinem Schicksal und ging mit mehreren seiner Kumpane dann in ein Außenkommando im Rheinland, wo er von seinen eigenen Spießgesellen aufgehängt wurde. Alte, Schwache, Leute mit Verbänden und strafweise ihm Zugewiesene trieb er über die Kette oder brachte sie selbst auf die bestialischste Weise um. D. stand unglücklicherweise an einer Stelle, die Müller mit Vorliebe zu seinen Maßnahmen benutzte. D. wurde von ihm strengstens zum Schweigen verpflichtet, ein Wort hätte damals seinen sicheren Tod bedeutet. Die Posten waren meistens sogenannte Volksdeutsche (Kroaten, Rumänen), aber auch viele Ukrainer. Zwischen dem Kapo und den Posten bestanden feste Vereinbarungen; gegen Tabak und Priem (Kautabak) lieferte Müller die nötigen Opfer. Tag für Tag ging mindestens 1 Häftling über die Kette, manchmal sogar 2. D. zählte innerhalb kurzer Zeit 30 Opfer. Der

Wechsel der Posten war morgens um 9 Uhr. So wurde denn vereinbart, daß 1 Häftling vor 9 Uhr und 1 Häftling nach 9 Uhr geliefert wurde, die Posten entschieden dann untereinander, wer zum Schuß und damit zu Urlaub und Prämie kommen dürfe.

Die Methode war verschieden. Entweder folterte Müller das Opfer derart, daß es freiwillig durch die Kette lief, oder er schickte den Häftling zum Reisigsuchen hinüber, oder er brachte einen müde getriebenen Menschen, sagte ihm, er könne sich dort drüben zum Schlafen hinlegen, bat den Posten, ihn passieren zu lassen, und schickte den Ahnungslosen hinüber. Nach einigen Schritten schoß ihn dann der Posten zusammen. Nach der Erschießung kam eine SS-Kommission, sie bestand aus dem Adjutanten oder seinem Vertreter, einem Lagerarzt und einem Dritten. Sie stellten die Tatsache fest, daß wieder einer im Schweinsgalopp habe davonlaufen wollen, und D. mußte als Zeuge dienen.

Einmal ereignete es sich, daß, während noch die Kommission da war, sich schon wieder ein Häftling näherte und zögernd hinter einem Busch stehenblieb. Einer der SS-Leute ging auf ihn zu und fragte, was er wolle. Als der Häftling antwortete, er wolle sich erschießen lassen, sagte der SS-Mann: ‚Warte noch ein paar Minuten!' Die Kommission fuhr dann auf ihrem Motorrad ein Stückchen weg, der Häftling wurde erschossen, die Kommission fuhr wieder zurück und stellte den neuen Fluchtversuch sachlich und klar fest.

Man kann in diesem Falle der SS den praktischen Sinn nicht absprechen. Der damalige Kommandoführer des Steinbruchs war ein Scharführer Höber, der natürlich gegen diese Praktiken gar nichts einzuwenden hatte. Einen besonders schrecklichen Mord sah D. an der gleichen Stelle. Ein jüdischer Neuzugang, ein wohlgenährter Mann, der aus guten Kreisen zu stammen schien, wurde von Höber dem

Kapo überantwortet. Müller machte es scheinbar Spaß, einmal ein gutgenährtes Opfer aus einer höheren Gesellschaftsklasse zu haben. Nach schrecklichen Quälereien vor den Augen des D. zwang Müller den Mann, sich an seinem eigenen Hosenträger aufzuhängen. Als der Hosenträger riß, brachte er den inzwischen besinnungslos Gewordenen wieder zum Bewußtsein, zwang ihn, den Hosenträger zusammenzuknüpfen und sich erneut aufzuhängen. Nachdem der Tod endlich eingetreten war, öffnete Müller dem Toten die Hose, um die letzte Erektion festzustellen, und zeigte das Kuriosum unter schmutzigen Reden den neugierig herzudrängenden Posten.

Die widerlichen Einzelheiten all dieser Greueltaten werden mit Absicht in diesem Falle so ausführlich geschildert, nicht um die Sensationslust zu befriedigen, sondern um zu zeigen, in welchem Maße es dem nationalsozialistischen System gelungen ist, Menschen zu einer Bestialität zu erziehen, die nur noch als pathologisch gewertet werden kann und in normalen Verhältnissen unvorstellbar ist. Drei Fähigkeiten waren für einen Menschen, der in diese Hölle kam, Grundvoraussetzung, um einigermaßen heil das Konzentrationslager zu überstehen: eine eiserne Gesundheit, ein klares Hirn und ein fester Charakter. Viele sind dieser körperlichen und seelischen Vergiftung zum Opfer gefallen, wenige haben diese Feuerprobe völlig intakt überstanden. Aber selbst in solchen Fällen, wo Menschen auf eine Stufe sanken, die man nicht tierisch nennen darf, um das Tier nicht zu beleidigen, muß man sagen: auch sie waren Opfer eines Systems, das zugunsten einer schmarotzenden Schicht hinter der Maske einer alten Kultur eine Schule der Verderbnis darstellte, die in der Geschichte ihresgleichen sucht.

Im Herbst 1942 hörten diese Erschießungen im Steinbruch auf. Der erhöhte Arbeitseinsatz von Häftlingen zwang die SS, ein wenig sparsamer mit ihrem Menschenmaterial umzugehen, außerdem war es den Ordnungskräften im Lager endlich gelungen, der SS ihre Mordwerkzeuge aus der Hand zu schlagen. Es gelang D. später, als die Verhältnisse sich etwas lockerten, in ein besonderes Kommando zu kommen, durch sein einwandfreies Verhalten sich im Lager zu halten und das Lager zu überstehen, so daß er als einer der wenigen überlebenden Kronzeugen erhalten geblieben ist."

Soweit der von D. Hackett herausgegebene Buchenwald-Report. Im Frühjahr 2000 – nach Abschluß dieses Manuskriptes – wurde in der Gedenkstätte des ehemaligen Konzentrationslagers Sachsenhausen eine Ausstellung über „Die Verfolgung Homosexueller im KZ Sachsenhausen" eröffnet – die erste ihrer Art in der Deutschen Nachkriegsgeschichte.

8. Zusammenfassende Betrachtung: Ein „Schwulen-Holocaust"?

Wie ist die Situation der männlichen Homosexuellen im „Dritten Reich" 1933–1945 zusammenfassend zu bewerten? Trotz aller sexualfeindlichen und homophoben Rhetorik vieler leitender Nationalsozialisten (unter denen sich Adolf Hitler selbst, warum auch immer, geradezu auffallend zurückhaltend verhielt) kann bis zum 30. Juni 1934 von einer Homosexuellenverfolgung im großen Stil keineswegs die Rede sein (allerdings ebensowenig von einer „Homosexuellen*förderung*", wie sie insbesondere die Exilpresse oft in dreister Polemik unterstellte – mit der törichten Absicht, das neue Regime *gerade dadurch* in Mißkredit zu bringen).

Im Sommer 1934 änderte sich die Lage jedoch grundlegend. Die Verfolgung männlicher Homosexueller war im Einzelfall außerordentlich brutal – besonders dann, wenn sie in „Schutzhaft", „Vorbeugehaft" bzw. im Konzentrationslager endete. Trotz aller Versuche, diese Verfolgung auszuweiten und zu intensivieren – Versuche, bei denen sich Teile der nationalsozialistischen Führungsschicht mit besonderem Nachdruck engagierten, allen voran Heinrich Himmler, der Reichsführer SS und Chef der deutschen Polizei –, kann das antihomosexuelle Vorgehen im „Dritten Reich" dennoch nicht mit dem Bemühen verglichen werden, andere mißliebige Menschengruppen auszurotten, insbesondere nicht mit der von Hitler angestrebten und von seinen Gefolgsleuten mit äußerster Brutalität organisierten „Endlösung der Judenfrage".

Ein von Jellonek mitgeteiltes Beispiel aus der Würzburger Region mag dies deutlich machen: „Als ein ehemaliger Ortsbauernführer in einer 500-Seelen-Gemeinde wegen homosexueller Handlungen verurteilt wurde, weigerte sich die Bevölkerung 1941, für den Betroffenen auf dem verwaisten Hof irgendwelche Arbeiten zu erledigen. Zähneknirschend mußte die Gestapo, statt den Bauern wie vorgesehen nach der Strafverbüßung in Schutzhaft zu nehmen, einer Entlassung des Inhaftierten zum Ernteeinsatz zustimmen."[35]

Es gäbe noch mehrere Fälle ähnlicher Art zu zitieren, doch würde das den Rahmen unserer Übersicht sprengen. Summa summarum ist gewiß dem Resümee der „Enzyklopädie des Holocaust" zuzustimmen, in der es unter anderem heißt:

„Die Tatsache, daß nur ein Teil der verurteilten bzw. bekannten Homosexuellen in den Konzentrationslagern interniert wurde, deutet bereits auf die differenzierte und in sich widersprüchliche Haltung der nationalsozialistischen Machthaber gegenüber der Homosexualität hin. Nach vorherrschender Auffassung wurde zwischen anlagebedingten und ‚verführten', also im Prinzip ‚umerziehbaren' Homosexuellen unterschieden; Angehörige der ersten Gruppe konnten in schwerwiegenden Fällen ‚freiwillig' oder zwangsweise kastriert werden, die übrigen glaubte man durch psychotherapeutische Behandlung oder auch durch abschreckende Strafandrohungen von ihrer Neigung abbringen zu können. Verfolgt wurde auch grundsätzlich nicht die homosexuelle Neigung, sondern die homosexuelle Handlung (auch wenn diese nur vermutet wurde). Die Verfolgung von Homosexuellen war auf das Reich und die eingegliederten Gebiete beschränkt. Es gibt keine Beweise für ein planvolles Vorgehen der Nationalsozialisten gegen die Homosexuellen in den besetzten Ländern. Im Gegensatz zu den Juden mündete die Verfolgung der Homosexuellen trotz aller Bedrängung nicht in der systematischen Ermordung dieser Bevölkerungsgruppe.“[36]

Ähnlich sieht auch Burkhard Jellonek, wohl der beste Kenner der Materie, die Fakten:

„Himmlers Eliminierungs-Phraseologie zielte auf die Ausrottung der Homosexualität schlechthin als Erscheinungs- und – für ihn – Entartungsform gesellschaftlichen Lebens, aber nicht auf die Ermordung jedes einzelnen, der homosexuell war bzw. sich homosexuell betätigte. Wenn Himmler von den Homosexuellen als Träger der Homosexualität sprach, so benutzte er fast immer den Singular: Beleg dafür, daß er den Typus des Homosexuellen im Auge hatte, freilich nicht das singuläre Schicksal eines einzelnen, vom Verfolgungsapparat dingfest gemachten Homosexuellen. Der Blick auf die lokalen Quellen untermauert den Befund. Wer als Homosexueller bei den Verhören durch die Gestapo glaubhaft versichern konnte, zwar homosexuell zu sein, sich aber nicht homosexuell zu betätigen, und von der Gestapo nicht das Gegenteil bewiesen bekam, der blieb vor weiterer Verfolgung verschont. Entscheidend war die dem Verdächtigen sorgsam nachzuweisende homosexuelle Handlung und nicht allein die homosexuelle Veranlagung. Dieses ist auch als Diskrepanz festzuhalten zur antisemitischen Verfolgungspraxis, die keinen Unterschied machte, ob jemand tatsächlich im Alltag nach den Regeln seiner Glaubensrichtung lebte oder sich von der jüdischen Religion losgesagt hatte.“[37]

Als Beispiel für diese These mag das Leben des Schriftstellers Friedo Lampe (1899 bis 1945) gelten: Lampe, der in Bremen als Redakteur und in Hamburg als Bibliothekar gearbeitet hatte – wegen einer Knochentuberkulose war ihm im Ersten Weltkrieg der Militärdienst erspart geblieben –, hatte 1933 den Roman „Am Rande der Nacht“ veröffentlicht, der wegen seiner offenen Schilderungen sexueller, auch homosexueller Aktivitäten von den Nationalsozialisten sofort beschlagnahmt und verboten worden war – dennoch konnte Lampe weiter publizieren, wurde von Ernst Rowohlt 1937 als Lektor in dessen Berliner Verlagshaus untergebracht, nach der Gleichschaltung des Verlages wieder entlassen, blieb aber – trotz seiner bekannten Homosexualität – ansonsten von den Nazis unbehelligt. Am 2. Mai 1945 wurde Lampe in Kleinmachnow bei Berlin irrtümlich von sowjetischen Soldaten erschossen, die ihn für einen SS-Mann gehalten hatten.

Solche Klarstellungen wie die hier zitierten dienen dazu, die Perspektive zurechtzurücken; irgend etwas zu verniedlichen oder zu beschönigen liegt nicht in ihrer Absicht. So richtig es war, daß sich Widerstand regte, als in der deutschen Gegenwartspublizistik die Massaker bosnisch-serbischer Soldaten z.B. in Srebrenica oder die grausamen Säuberungen im Kosovo leichtfertig mit Auschwitz verglichen wurden (was natürlich den Zweck hatte, die Öffentlichkeit von der Notwendigkeit militärischen Eingreifens zu überzeugen) – die Morde und Gewalttaten werden, so unangemessen jener Vergleich gewesen sein mag, dadurch keinen Deut weniger verabscheuungswürdig. Wenn sich auch das Schicksal der deutschen Homosexuellen 1933 bis 1945 nicht mit dem ihrer jüdischen Mitbürger vergleichen läßt – von Hohn, Spott, Diskriminierung und brutaler Verfolgung war es allemal geprägt. Hinter dieser staatlichen Verfolgungspraxis, wie sie vor allem von SS und Gestapo angeführt wurde, steckte die Idee einer „Volksgemeinschaft" – in der Zielvorstellung eine weitgespannte Wahnidee, in der täglichen Behördenpraxis Sinnhorizont einer allumfassenden bürokratischen Regelungswut. Diese „Volksgemeinschaft" war von vorneherein darauf ausgelegt, „Gemeinschaftsfremde“ aller Art auszugrenzen und allen möglichen Schikanen zu unterwerfen. Diese Prozeduren mögen sich in Härte und Intensität durchaus unterschieden haben – die unmenschliche Rücksichtslosigkeit, die sie geprägt hat, wird jedoch allenthalben sichtbar. Die von den Nationalsozialisten bis zum Äußersten durchgesetzte Ideologie sieht in mitmenschlicher Achtung auch und gerade vor dem, der möglicherweise anders ist als ich, ihrer Natur nach nichts als eine törichte Humanitätsduselei von Menschen, „die nicht Manns genug sind zu töten, wo sie nicht zustimmen können“.[38]

Nachwort: Wiedergutmachung? – die Verdrängung des Themas nach 1945

„Die Männer mit dem ‚Rosa Winkel'" – so Burkhard Jellonek in seiner Übersichtsarbeit, die wir für den vorliegenden Band mehrfach herangezogen haben –, „diese in den Lagern der SS zutiefst gedemütigten, geschundenen Männer konnten auch nach der Befreiung nicht von ihrem erlittenen Leid erzählen, durften ihre Sexualität nicht offen und schon gar nicht in der Öffentlichkeit ausleben, denn der vom nationalsozialistischen Gedankengut durchtränkte Anti-Homosexuellen-Paragraph 175, 1935 entscheidend verschärft, bekam seinen Platz auch im bundesrepublikanischen Strafgesetzbuch. Fast 100000 Homosexuelle wurden in der Adenauer-Ära von 1953 bis 1965 als ‚Täter' nach § 175 ermittelt, davon fast jeder zweite rechtskräftig verurteilt – die Justiz des ‚Dritten Reiches' hatte – rein numerisch betrachtet – keineswegs mehr Opfer gefordert. Zwar drohte die junge Republik den Homosexuellen nicht mehr mit Folter und KZ, zwar waren Mord und Hungertod nicht mehr zu befürchten, doch tat die damalige Gesellschaft zwischen Wirtschaftswunder, „Wir sind wieder wer"-Hochgefühl und angsterfüllter Verdrängungsarbeit nichts, um homosexuelle Identität und Lebensbewußtsein anzuerkennen. Die das ‚Dritte Reich' überlebenden Homosexuellen hatten ihrerseits ihre Lektion in der Nazi-Zeit gelernt. Es wäre eine eigene Untersuchung wert, den Lebensbedingungen homosexueller Männer in den 50er Jahren nachzuspüren.

Erstaunlich groß wird die Zahl derer sein, die nach dem Schock des ‚Dritten Reiches' einen Schlußstrich unter ihr homosexuelles Leben zogen und in die sexuelle ‚Emigration' gingen. Viele heirateten, nicht wenige ließen sich von den Ärzten zur Kastration ‚beschwatzen', zogen jenen gesellschaftlich erwünschten Schlußstrich ..."[39]

Eine Entschädigung für das auch von Homosexuellen erlittene nationalsozialistische Unrecht gehörte nicht zu den Anliegen bundesdeutscher Nachkriegswirklichkeit. Laut Bundesentschädigungsgesetz konnte – so teilte die Bundesregierung 1979 auf eine Anfrage des SPD-Abgeordneten Hajo Hoffmann mit – als NS-Opfer mit Anrecht auf Entschädigung nur gelten, „wer aus Gründen politischer Gegnerschaft gegen den Nationalsozialismus oder aus Gründen der Rasse, des Glaubens oder der Weltanschauung verfolgt worden ist. Dies trifft auf Personen, die wegen Homosexualität in nationalsozialistische Konzentrationslager verschleppt wurden, nicht zu." Solche Männer hätten sich auf das „Allgemeine Kriegsfolgengesetz" berufen können, hätten ihre Ansprüche dann aber bis zum Ende des Jahres 1959 geltend machen müssen. Nur ein verschwindend kleiner Personenkreis hat das getan.[40] Als der Deutsche Bundestag im Mai 1998 über eine formelle Aufhebung aller noch geltenden nationalsozialistischen Strafgerichtsurteile debattierte, tauchte im entsprechenden Entwurf des damaligen Bundesjustizministers Edzard Schmidt-Jortzig der § 175 gar nicht erst auf – erst massive Intervention der damals rot-grünen Opposition machte dieses Manko öffentlich.

Auch die schrittweise Abschaffung des § 175 in den Jahren 1969 und 1973 (dessen nationalsozialistische Verschärfung von 1935 hatte das Bundesverfassungsgericht noch 1957 als „ordnungsgemäß zustande gekommen" qualifiziert) hatte, wie es scheint, an der Fortexistenz einer bequemen Gemengelage aus Vorurteilen und Ressentiments nur wenig ändern können. Ein bezeichnendes Detail: Der Roman „Am Rande der Nacht“ des homosexuellen Autors Friedo Lampe – zu ihm siehe oben, S. 89f. –, der 1933 unmittelbar nach dem Erscheinen von den Nationalsozialisten beschlagnahmt worden war, wurde in einer ungekürzten Fassung erst im Jahre 1999 neu herausgegeben.[41] In der 1945 wieder erhältlichen Nachkriegsversion des Romanes, die den Titel „Ratten und Schwäne“ trug, waren nämlich alle „Stellen“ gestrichen worden …

Welche Stimmung, welche Gemütslage war für dieses lange Nachwirken des antihomosexuellen Vorurteils verantwortlich? Ein kurzes Dokument mag den Versuch einer Antwort ersetzen. Am 5. Juli 1980 hielt die bayerische Christlich-Soziale Union (CSU), deren Vorsitzender Dr. Franz Josef Strauß unter anderem durch das „Bonmot“ „Lieber ein kalter Krieger als ein warmer Bruder“ bekannt geworden ist, im Münchener Sheraton-Hotel einen „gesundheitspolitischen Kongreß“ ab. Dort trug der Arzt Dr. med. Hartwig Holzgartner, Landesvorsitzender des Gesundheitspolitischen Arbeitskreises, ein „Grundsatzreferat“ vor, in dem er unter anderem ausführte:

„Heute ist es doch fast schon so, daß Amoralität, Randgruppen und Perverse schon eher als normal angesehen werden als die Normalen, daß sich ein anständiger Bürger, der arbeitet und Steuern zahlt, frägt, bin ich eigentlich noch normal. Genau das wollen diese linken Volksverderber erreichen. ‚In‘ ist doch heute z.B. ein Schwuler, der einige Trips hinter sich gebracht hat, arbeitslos und psychisch auffällig ist, selbstverständlich Sozialhilfe bezieht, seine Weisheiten aus dem „Spiegel“ hat und natürlich intellektuell ist. Wenn er dann noch einem Polizisten eine verpaßt hat und außerdem die Streichung des Kontaktsperregesetzes lautstark fordert, kann er sich fast sicher sein, daß ihn der Bundesinnenminister empfängt und mit ihm ein Buch schreibt, etwa über die Hintergründe des Untergrundes. Aufgrund dieses Buches bekommt er dann einen Bundesforschungsauftrag, um z.B. eine Untersuchung anzustellen über die letztlich doch vorhandene Heterogenität homosexueller revolutionärer Kräfte bei den Schwusos."[42]

Treffender läßt sich die Geisteshaltung, derentwegen auch in den ersten vierzig Jahren Bundesrepublik Deutschland eine ehrliche Auseinandersetzung mit dem von 1933 bis 1945 an homosexuellen Männern verübten Unrecht nicht möglich gewesen ist, wohl kaum kennzeichnen.

Anhang

1. Lesehinweise

Besonders verwiesen werden muß auf die folgenden Arbeiten (die nicht alle im obigen Text zitiert worden sind):

G. Bleibtreu-Ehrenberg: Tabu Homosexualität. Die Geschichte eines Vorurteils, Frankfurt a. M. 1978

G. Grau (Hrsg.): Verachtet, verfolgt, vernichtet. Dokumente zur nationalsozialistischen Politik gegen die Homosexuellen, Frankfurt a. M. 1992

B.-U. Hergemöller: Mann für Mann. Biographisches Lexikon zur Geschichte von Freundesliebe und mann-männlicher Sexualität im deutschen Sprachraum, Hamburg 1998

B. Jellonek: Homosexuelle unter dem Hakenkreuz. Die Verfolgung von Homosexuellen im Dritten Reich, Paderborn 1990

St. Maiwald/G. Mischler: Sexualität unter dem Hakenkreuz. Manipulation und Vernichtung der Intimsphäre im NS-Staat, Hamburg/Wien 1999

J. Müller/A. Sternweiler: Homosexuelle Männer im KZ Sachsenhausen, Berlin 2000

R. Plant: The Pink Triangle: The Nazi War Against Homosexuals, New York 1986 – deutsch: Rosa Winkel, Frankfurt a. M. 1991

H. G. Stümke/R. Finkler: Rosa Winkel, rosa Listen. Homosexuelle und gesundes Volksempfinden von Auschwitz bis heute, Reinbek 1981

H. G. Stümke: Homosexuelle in Deutschland. Eine politische Geschichte, München 1989

2. Anmerkungen

1 V. Sommer: Alles Leben ist Egoismus. Zur Evolution des Eigennutzes, in: Das Böse. Jenseits von Absichten und Tätern oder: Ist der Teufel ins System ausgewandert? Kunst- und Ausstellungshalle der BRD, Göttingen 1995, S. 73.
2 F. M. Wuketits: Warum uns das Böse fasziniert. Die Natur des Bösen und die Illusionen der Moral, Stuttgart 1999, S. 102.
3 Zitiert nach F. Irsigler und A. Lassotta: Bettler und Gaukler, Dirnen und Henker. Außenseiter in einer mittelalterlichen Stadt, München 1989, S. 198f.
4 G. Casanova: Memoiren, Erster Band, Reinbek 1958, S. 93.
5 Meyers Großes Konversationslexikon, Neunter Band, Leipzig und Wien 1908, S. 52.
6 M. Ekstein s: Tanz über Gräben. Die Geburt der Moderne und der Erste Weltkrieg, Reinbek 1990, S. 132.
7 Ch. Bloch: Die SA und die Krise des NS-Regimes, Frankfurt a. M. 1970, S. 12.
8 Zahlen nach K. Drobisch und G. Wieland: System der NS-Konzentrationslager 1933–1939, Berlin 1993, S. 105.
9 So der Vorsitzende des Gau-Gerichtes von Hessen-Nassau, Freiherr von Lyncker. Zitiert nach B. Jellonek: Homosexuelle unter dem Hakenkreuz. Die Verfolgung von Homosexuellen im Dritten Reich, Paderborn 1990, S. 84.
10 Bloch 1970, S. 111.
11 K. H. Janssen und F. Tobias: Der Sturz der Generäle. Hitler und die Blomberg-Fritsch-Krise 1938, München 1994, S. 128.
12 Janssen/Tobias 1994, S. 154.
13 Vgl. N. Reynolds: Der Fritsch-Brief vom 11. Dezember 1938, in: Vierteljahrshefte für Zeitgeschichte 28, 1980, S. 360ff.
14 Z.B. sein Biograph Graf Kielmansegg. Vgl. J. A. Graf v. Kielmansegg: Der Fritsch-Prozeß 1938. Ablauf und Hintergründe, Hamburg 1949.
15 Zur vieldiskutierten Rolle der Wehrmacht und zu den Wehrmachtsverbrechen vgl. auch T. Bastian: Furchtbare Soldaten. Deutsche Kriegsverbrechen im Zweiten Weltkrieg, München 1997.
16 Jellonek 1990 (wie Anm. 7), S. 105.
17 Jellonek, 1990, S. 199.
18 Jellonek, 1900, S. 129.
19 Zu den Einzelheiten vgl. T. Bastian: Von der Eugenik zur Euthanasie, Wörishofen 1980, sowie T. Bastian: Furchtbare Ärzte, Medizinische Verbrechen im Dritten Reich, München 1995, sowie die in den beiden Bänden angeführte Fachliteratur.

20 K. Hannemann: Willensfreiheit oder Erbschicksal? In: Ziel und Weg 9, 1939, S. 471.

21 Gütt, A., Rüdin, E. und F. Ruttke (Hrsg.): Gesetz zur Verhütung erbkranken Nachwuchses vom 14. Juli 1933, München 1934, S. 60.

22 Vgl. G. Bock: Zwangssterilisation im Nationalsozialismus. Studien zur Rassenpolitik und Frauenpolitik, Opladen 1986.

23 K. L. Lechler: Erkennung und Ausmerze der Gemeinschaftsunfähigen, in: Deutsches Ärzteblatt 70 (1940), S. 293–297.

24 P. Wagner: Das Gesetz über die Behandlung Gemeinschaftsfremder, in: Feinderklärung und Prävention. Kriminalbiologie, Zigeunerforschung und Asozialenpolitik, Beiträge zur Nationalsozialistischen Gesundheits- und Sozialpolitik, Berlin 1988, S. 94.

25 K. Astel: Die Praxis der Rassenhygiene in Deutschland, Beiheft zum Reichsgesetzblatt 52, 1938, S. 65–70.

26 Siehe hierzu Bastian 1995 (wie Anm. 19).

27 Grawitz starb 1945 durch Selbstmord. Siehe hierzu auch Bastian 1995.

28 Vgl. D. A. Hackett (Hrsg.): Der Buchenwald-Report. Bericht über das Konzentrationslager Buchenwald bei Weimar, München 1996, S. 108.

29 Jellonek 1990, S. 264.

30 W. Sofsky: Die Ordnung des Terrors. Das Konzentrationslager, Frankfurt a. M. 1993, S. 57.

31 Vgl. T. Bastian: Auschwitz und die ‚Auschwitz-Lüge'. Massenmord und Geschichtsfälschung, München 1992.

32 Sofsky 1993 (wie Anm. 30), S. 141.

33 Drobisch und Wieland 1993 (wie Anm. 8).

34 Das Original bei Hackett 1996 (wie Anm. 28), S. 206–212.

35 Jellonek 1990, S. 227.

36 I. Gutmann (Hauptherausgeber): Enzyklopädie des Holocaust. Die Verfolgung und Ermordung der europäischen Juden, Berlin 1993, Bd. II, S. 623.

37 Jellonek 1990, S. 327.

38 So sehr hellsichtig Bertrand Russell schon 1936: B. Russell: Die geistigen Väter des Faschismus (1936), in: Philosophische und politische Aufsätze, Stuttgart 1971, S. 135.

39 Jellonek 1990, S. 11 f.

40 Jellonek 1990, S. 13, nennt 23 Anträge, die „Süddeutsche Zeitung" (22. Mai 1988) ohne Quellenangabe deren 14.

41 F. Lampe: Am Rande der Nacht, Göttingen 1999.

42 Zitiert nach W. Wuttke-Groneberg: Medizin im Nationalsozialismus. Ein Arbeitsbuch, Wurmlingen 1982, S. 115.

3. Personenregister

Till Bastian in der Beck'schen Reihe

Auschwitz und die „Auschwitz-Lüge"
Massenmord und Geschichtsfälschung
5., erweiterte und aktualisierte Auflage. 1997. 109 Seiten
mit 11 Abbildungen und 3 Karten. Paperback
Beck'sche Reihe Band 1058

Furchtbare Ärzte
Medizinische Verbrechen im Dritten Reich
2., unveränderte Auflage. 1996. 124 Seiten mit 7 Abbildungen. Paperback
Beck'sche Reihe Band 1113

Furchtbare Soldaten
Deutsche Kriegsverbrechen im Zweiten Weltkrieg
2., unveränderte Auflage. 1997. 125 Seiten mit 13 Abbildungen.
Paperback
Beck'sche Reihe Band 438

Niemandszeit
Deutsche Portraits zwischen Kriegsende und Neubeginn
1999. 143 Seiten mit 8 Abbildungen. Paperback
Beck'sche Reihe Band 1331

Die Sprache des Herzens
Von der Taubheit der Schulmedizin
1998. 132 Seiten mit 4 Abbildungen. Paperback
Beck'sche Reihe Band 1250

Maike Bastian/Till Bastian
Die Angst der Eltern vor dem Kind
1997. 144 Seiten mit 7 Abbildungen. Paperback
Beck'sche Reihe Band 1189

Verlag C.H. Beck München